# École, familles
# le malentendu

textuel

# École, familles
# le malentendu

*Sous la direction*
*de François Dubet*

*Avec la collaboration*
*de Jean-Luc Allouche*

textuel

**Dans la même collection**

*Recomposer une famille, des rôles et des sentiments,*
sous la direction d'Irène Théry.

*La mort et moi et nous,*
sous la direction de Marc Augé.

*Rêves de rencontre,*
sous la direction de Véronique Nahoum-Grappe.

# Le parti pris du Penser-Vivre

La collection « Le Penser-Vivre » est dirigée par Marc Augé, directeur d'études à l'École des hautes études en sciences sociales, qui se définit volontiers comme un « anthropologue du quotidien ». Pour ce chercheur aussi à l'aise dans les villages africains que dans le métro parisien, l'originalité de la collection est de traiter « les questions de société que tout le monde se pose » en mettant la démarche de scientifiques de différents horizons à la portée d'un vaste public de lecteurs. Elle aide à comprendre et à juger les phénomènes qui affectent, au jour le jour, nos existences de personnes et de citoyens. En incitant les spécialistes à s'engager dans le débat, elle veut raviver en chaque lecteur l'excitation de penser et de discuter. En période de brouillage des idées, cette collection entend proposer des repères selon une approche volontairement accessible et interdisciplinaire.

7, rue Lacuée
75012 Paris

ISBN : 2-909317-29-3
ISSN : 1264-1812

Dépôt légal : février 1997

# Sommaire

# école, familles le malentendu



***Les querelles entre les parents et l'école ne cessent d'alimenter les remises en cause de l'institution scolaire. Pour François Dubet, sociologue, l'école républicaine est largement devenue un mythe. Il montre comment la massification scolaire a changé les règles du jeu. Les familles sont désormais inégales face à un système scolaire transformé en « marché » au détriment des classes populaires. Pour demeurer républicain, faut-il alors introduire des mécanismes inégalitaires pour produire plus d'égalité ?***

## François Dubet

Bien sûr, les élèves n'appartiennent à personne, et toute éducation vise à les rendre autonomes, tout en les intégrant dans la société. Mais il y a loin de ce principe à la réalité : là, les élèves, surtout ceux de l'école élémentaire et du collège, dépendent à la fois de leurs parents et des enseignants. Aussi n'est-il pas rare de voir les uns et les autres se disputer le bien des enfants et s'opposer sur les limites de leurs territoires respectifs. Si la guerre n'est pas ouverte entre l'école et les parents, règne parfois la paix armée à la frontière des compétences attendues des uns et des autres. Au fond, la ligne de démarcation entre l'instruction et l'éducation reste incertaine, quand on attend de l'école qu'elle n'instruise pas seulement les enfants mais qu'elle les éduque, et que les parents doivent, de leur côté, mobiliser des compétences favorisant l'apprentissage de leurs enfants. Les escarmouches sont nombreuses, et les procès d'intention plus encore. Quelle discussion de salle des professeurs ne fait pas le procès des parents ? Quel repas de famille n'instruit pas celui des enseignants ?

On attend beaucoup de l'école. Beaucoup trop, peut-être. Il faut qu'elle offre aux enfants une culture commune, qu'elle poursuive sa « vocation républicaine ». Il faut aussi qu'elle place efficacement les élèves sur le marché du travail. Il faut encore qu'elle traite les élèves comme des individus et tienne compte de leurs différences et de leur personnalité. Qui peut réaliser tous ces objectifs sans faillir ? Qui peut être à la fois didacticien et psychologue ; qui peut maintenir l'unité d'une société et assurer le libre jeu des différences individuelles ? Le problème des parents n'est guère plus simple. Ils doivent aimer leurs enfants et les protéger d'un monde difficile ; ils doivent aussi les armer pour affronter une compétition qui commence dès l'école, et de plus en plus tôt. Bref, devant tous ces enjeux, il n'est guère facile d'être toujours à la hauteur et de gagner sur tous les tableaux.



« C'est la faute aux parents... » Il ne serait pas difficile de détailler les pièces du procès instruit contre les parents des classes populaires, dont les « déficiences » ou les « incapacités » suffiraient à expliquer les échecs de leurs enfants. Ils ne croient pas à l'école et s'en désintéressent ; d'ailleurs, on ne les voit jamais dans l'école ou le collège... Ils sont incapables de maintenir la moindre des disciplines de vie nécessaires à la vie scolaire... Les enfants sont livrés à eux-mêmes ou vautrés devant la télévision... Parfois, les parents se montrent battus d'avance et découragent leurs enfants, répétant que les diplômes ne servent à rien... Leur vie de famille est anarchique ; les pères sont absents parce qu'ils travaillent trop ou, au contraire, parce qu'ils ne travaillent plus... Les divorces font des ravages... Les mères sont dépassées ou trop autoritaires...

Les parents des élèves en difficulté seraient donc « coupables » – coupables de n'être pas ces parents de classes

moyennes tout entières mobilisées autour de l
de leurs enfants, à l'image des enseignants eux-mêmes. Critique non dépourvue de compassion, elle ne se réduit pas aux préjugés et au mépris des classes moyennes pour les classes populaires. Les parents « incapables » ne seraient pas seulement des coupables, mais aussi des victimes de la « crise », du chômage, de la pauvreté, de l'« exclusion »... S'ils ne comprennent pas les vraies règles et attentes de l'école, c'est parce qu'ils ne les connaissent pas – parents le plus souvent peu qualifiés, aux scolarités cahoteuses, ou familles récemment immigrées, qui doivent apprendre la vie scolaire à travers leurs propres enfants transformés en messagers et en interprètes. Mais plus encore que les difficultés économiques, c'est la culture de masse qui dépossède les parents. Ils croient naïvement ce que disent les médias et la télévision. Ils achètent des téléviseurs et des magnétoscopes plutôt que des livres et des cahiers, des jeux stupides plutôt que des jeux éducatifs. Bref, ils sont les victimes d'un capitalisme qui les transforme en consommateurs pauvres et dépendants. Autant, pensent les enseignants, il faudrait rompre avec les parents « coupables », autant il faudrait éduquer les parents « victimes », les guider vers toutes les vertus qu'exige la réussite scolaire.

Dans ce procès, que les parents soient victimes ou coupables, il reste que l'école ne se tient jamais pour responsable de l'échec. Et de rêver au temps où la grandeur de l'école républicaine s'imposait à tous, où le prestige des maîtres n'était guère contesté, où l'instruction apparaissait comme la seule voie du salut : l'expression du progrès, l'agent de la culture nationale et le moyen de s'élever. Pourtant, cet « âge d'or » ne fut pas idyllique et n'a jamais existé ailleurs que dans les romans de la nostalgie du temps des pères fondateurs.

La « faute aux parents » ne s'épuise pas dans le procès ambigu des classes populaires « incapables ». La critique est tout aussi vive à l'encontre des parents « trop capables ». Ceux-là passent pour des consommateurs cyniques et exigeants. Toujours disposés à changer leurs enfants d'école, ils se mêlent trop de la vie scolaire et y accentuent la ségrégation. Obsédés par la réussite, ils surveillent les enseignants, suivent la bonne marche des programmes, dispensent des conseils du haut de leurs compétences. Parents d'élèves organisés dans les diverses fédérations qui font souvent peser cette pression sur l'école, et « le pire », dit-on dans les salles des professeurs, c'est quand les parents d'élèves sont aussi enseignants ! Ils exercent un véritable contrôle sur l'école, faisant resurgir l'ancien pouvoir des notables, dont l'école républicaine avait libéré les maîtres. C'est alors « la faute aux parents », si l'école est aussi sélective, s'il est aussi difficile de s'éloigner des carcans des horaires et des programmes, si l'école a tant de mal à se transformer. Si les enseignants sont éloignés des parents « incapables », ils se sentent pourtant des devoirs à leur égard. Mais, proches des parents « trop capables », ils les regardent comme des rivaux, des frères ennemis. Dans ce double balancement se saisit la fragilité des relations entre les parents et les enseignants. La querelle ne s'épuise jamais. Tout est affaire de distance, de bonne distance : dès qu'elle se trouble, la vocation de l'école paraît menacée par l'indifférence des uns et par la trop forte présence des autres.

**Entre la confiance et la peur** Les parents des classes populaires restent attachés à l'école républicaine. C'est par l'école que les enfants entrent dans une culture universelle partagée, qu'ils échappent aux particularismes. Il faut que l'école soit l'école, qu'on y apprenne les « bases », que l'argent et la société n'y entrent pas, que tous les enfants y soient traités sur un pied d'égalité. Il importe que le maître reste un personnage qui impose une discipline particulière, et auquel on fait confiance parce qu'il est « du métier ». Sa vertu essentielle, c'est la justice à l'égard de tous les élèves. Souvent, ce que les enseignants perçoivent comme un abandon des enfants à l'école par les familles est décrit par les parents comme une confiance dans l'école, de la même façon que l'on a confiance dans son médecin. Aussi, les parents ne se mêlent pas de l'école, mais, en échange, ils ne veulent pas que l'école se mêle de leur vie personnelle et familiale. Chacun chez soi !
Dans les quartiers populaires, les parents établissent une distance de rôle et de fonction entre les maîtres et eux (*cf.* F. Dubet, D. Martuccelli, *À l'école : sociologie de l'expérience scolaire*, Paris, Seuil, 1996). Ils ne se prennent pas pour les auxiliaires de l'école, mais ils ne souhaitent pas que cette distance se double d'une distance sociale et culturelle trop grande. Ainsi, les parents ont la nostalgie d'un monde qu'ils n'ont peut-

être pas connu : celui du maître, notable du village ou du quartier, fortement identifié à son rôle, mais proche des gens, participant à la vie commune. Or, aujourd'hui, la grande majorité des instituteurs et des professeurs de collège ne vivent pas dans les quartiers populaires où ils travaillent. Ils arrivent le matin et repartent le soir. « On ne les a jamais vus acheter leur pain… » S'installe ainsi une sorte de situation coloniale « douce » : ceux dont on attend qu'ils apportent une forme de civilisation viennent de l'extérieur, ne savent pas comment vivent les gens, les perçoivent comme des « cas sociaux », se méprennent parfois, considèrent que les jeux des enfants dans la cité sont des formes d'abandon et d'anomie. De leur côté, les parents ont confiance dans l'école, mais demeurent sur la défensive.

Cette attitude est d'autant plus forte au collège que les règles implicites de la sélection sont mal connues. Le jeu de la formation des classes, qui constituent des filières latentes, n'est perçu que de manière confuse. Les parents ont l'impression d'être engagés dans un système dont ils ne percent pas les mystères quand l'école cesse d'être égalitaire et protégée par le romantisme de l'enfance, comme c'est encore le cas à l'école élémentaire. La confiance se retourne alors en défiance : les parents sont conduits à défendre leurs enfants envers et contre tout. Ils refusent les redoublements et les « orientations » ; souvent même, ils récusent les punitions données par l'école.

La stratégie la plus fréquente est celle de l'évitement. Les enseignants se plaignent de ne pas rencontrer les

*Il y a une véritable douleur à s'entendre dire que son enfant n'est pas « fait pour les études »*

parents des élèves en difficulté et en déduisent que ceux-ci ne se soucient guère de l'école. La version des parents est toute différente : ils savent que cette rencontre deviendra leur procès. De manière plus ou moins euphémique, ils s'entendront dire que leurs enfants ne sont pas de « bons » enfants, qu'ils ne sont pas « doués »... Tombera un verdict qui condamne leurs enfants à un destin d'échec et de marginalisation scolaire. Pleuvront des conseils qu'ils ne pourront pas suivre, ou qu'ils appliqueront avec un tel zèle qu'ils les rendront inefficaces. Plus encore, les parents s'entendront dire qu'ils sont de « mauvais » parents, qu'ils ne savent pas soutenir et mobiliser leurs enfants et, pour peu que les enseignants soient frottés de psychologie, on leur proposera un rapide diagnostic qui les « enfoncera » plus encore. Aussi, en évitant de rencontrer les maîtres, on peut encore croire que son enfant est comme les autres et penser que l'on est une famille honorable. Il faut bien comprendre qu'il y a une véritable douleur à s'entendre dire que son enfant n'est pas « fait pour les études », qu'il est « agité » ou « rêveur », qu'il faudrait rencontrer la psychologue scolaire, qu'il faudrait aller dans une quatrième spéciale, que le redoublement proposé sans illusion est une dernière chance...

La défiance des parents des classes populaires est d'autant plus vive aujourd'hui qu'ils sont d'anciens élèves de l'école de masse et, s'ils appartiennent aux classes populaires, c'est aussi parce qu'ils ont échoué à l'école. Nous avons ainsi constaté que, très vite, les parents racontent leurs propres échecs scolaires – véritables traumatismes dans lesquels la honte le partage à une certaine haine de l'école. Ils veulent être de « bons parents » préservant leurs enfants des épreuves qu'ils ont subies, mais, quand ces épreuves menacent, ils veulent aussi être de « bons parents » préservant leur propre estime et celle de leurs enfants. L'adhésion à la vocation d'intégration de l'école républicaine, qui se manifeste dans les discours et les déclarations de principe, laisse alors la place à une sourde hostilité à l'encontre de l'école et des enseignants qui « recommencent avec mes enfants ce qu'ils ont fait avec moi ».



**La performance et l'épanouissement** Les parents des classes moyennes, eux, se présentent comme des gens compétents. Il va de soi qu'ils élèvent bien leurs enfants. La plupart d'entre eux ont réussi à l'école et savent comment s'y prendre. Souvent, ils sont aussi capables que les enseignants, parfois plus quand ils ont davantage de diplômes. Mais leur compétence ne s'arrête pas là : ce sont aussi des éducateurs éclairés. Imbus de quelques éléments de psychologie de l'enfant, ils se montrent attentifs et vigilants, connaissent l'importance des loisirs et des jeux, savent raconter des histoires afin de donner le goût de la lecture aux plus petits ou distinguer le langage élaboré de l'école et celui, plus familier, de la maison. Ils savent que les enfants doivent avoir des jardins secrets… tant qu'ils ne sont pas trop secrets. Alors que les parents des classes populaires restent « républicains » et souhaitent s'arracher aux particularismes sociaux qui les

assujetissent, les parents des classes moyennes tiennent leurs particularismes pour déjà universels.
Là où les classes populaires veulent marquer la distance entre l'école et la famille, les classes moyennes entendent établir une continuité. La compétence se manifeste d'abord dans la « pédagogisation » de la vie quotidienne. De près ou de loin, les devoirs sont surveillés, non sans conflits pédagogiques avec les instituteurs et les professeurs. Dans certains cas, les parents, surtout les mères, se « professionnalisent », suivant les programmes, achetant des revues spécialisées. Dans quelques établissements privilégiés, cette collaboration fait même pleinement partie de l'éducation scolaire : les maîtres y comptent, demandent des travaux et des exposés nécessitant la participation des parents, la présence de livres et de documents à la maison, du temps libre et un engagement des familles... Cette mobilisation apparaît si évidente que, dans une école primaire, les élèves nous expliquaient l'échec scolaire par l'absence de « motivation » des parents ! Toutes les ressources familiales sont appelées à la rescousse en cas de difficultés – parents, cousins étudiants, grands frères et, faute de mieux, leçons particulières... Si les dispositions culturelles perçues comme « naturelles » jouent un grand rôle dans la réussite des enfants, mieux vaut les étayer par des investissements pratiques, rationnels et « concrets ».
La pédagogisation de la vie quotidienne est cependant bien plus subtile que le simple soutien scolaire. Elle gagne jusqu'aux loisirs, pour lesquels sont proposées des activités récréatives mettant en jeu des qualités

utiles… à la réussite scolaire. Ainsi, l'enfant et l'adolescent joueront, bien sûr, du piano ou travailleront sur ordinateur, qui requièrent les vertus de concentration et de méthode mobilisées par l'école. Si les vacances peuvent être associées à un « bain linguistique », c'est toujours ça de pris. Le tennis aussi ne manque pas de qualités : voici un jeu qui exige à la fois d'être agressif, tacticien, maître de soi ; voici un jeu individualiste où, comme au jeu d'échecs, la victoire et la défaite ne dépendent que de soi. Vertueux stakhanovisme des parents : le mercredi, les enfants quittent la leçon de danse pour celle de musique, le piano pour le tennis, et le sport pour l'émission de télévision intelligente…

Cette scolarisation de l'existence offre aussi le moyen de contrôler les fréquentations des enfants, et surtout des adolescents. À l'heure où il semble admis que l'autonomie enfantine et juvénile participe de la formation du sujet, où le libéralisme éducatif est de rigueur, il est bon que les amitiés et les amours se nouent entre pairs, partageant les mêmes modèles éducatifs. L'homogénéité sociale des écoles et des classes doit être renforcée par celle des groupes de camaraderie. Et cette stratégie est particulièrement payante au collège, quand la vie adolescente pourrait si facilement détourner des études.

Par un mouvement inverse et complémentaire de celui des classes populaires, la vie scolaire doit être « privatisée », l'école doit tenir compte de la personnalité et de l'épanouissement de chacun. De même que la famille est prête à se plier à l'école, il faut que celle-ci réponde au souci éducatif des familles. À l'école primaire en particulier, on privilégiera les méthodes

« nouvelles » et « actives ». On attend de l'école qu'elle prolonge les valeurs « contractuelles » de la famille ; l'enseignant ne doit pas imposer les connaissances et la discipline, il doit dialoguer avec les élèves, obtenir leur adhésion, ménager leur esprit critique.

Ces parents des classes moyennes sont guidés par les deux figures fondamentales de l'individualisme moderne. La première est celle de *l'individu rationnel*, capable de réaliser ses intérêts ; c'est l'individu du marché et de la compétition. La seconde est celle de *l'individu moral, expressif, épanoui*, capable de construire une vie sentimentale et morale autonome. L'éducation doit donc construire des individus efficaces et « bien dans leur peau ». Sur ce point, les parents des classes moyennes partagent une des croyances centrales de l'école et des enseignants : non seulement la performance et l'épanouissement ne sont pas contradictoires, mais ils s'étayent mutuellement, car plus un élève est épanoui, plus il est efficace. À rebours, la psychologie spontanée des enseignants et de ces parents les conduit à penser que tout échec s'explique par des difficultés personnelles d'ordre psychologique auxquelles une psychologie sommaire offre des modes d'interprétation commodes. Ce sont les fameux « blocages ».

Cette croyance en la convergence entre les « passions » et les « intérêts » mériterait d'être scrutée. Après tout, il n'est pas rare de rencontrer des élèves brillants et « mal dans leur peau », et des élèves médiocres particulièrement « bien dans leur peau », n'était-ce leur médiocrité scolaire. Alors, quand les deux individua-

lismes se séparent, quand on ne gagne pas sur tous les tableaux, comment se conduisent les parents de classes moyennes ? Dans la majorité des cas, ils choisissent les intérêts contre les passions, la performance contre l'épanouissement. On changera l'élève d'école pour une nouvelle chance dans le privé, on alourdira les horaires de travail avec les leçons particulières, on choisira la filière la plus prestigieuse, même quand elle ne correspond pas aux goûts de l'élève... Et l'association de parents d'élèves défendra, en dépit de ses principes, le niveau de l'établissement et de ses filières d'élite. Au bout du compte, les sentiments ne pèsent guère devant les intérêts bien compris, et les enseignants ne sont pas les derniers à en faire le reproche aux parents « entrepreneurs » des études de leurs enfants.
Alors que les parents des classes populaires sont partagés entre l'appel aux fonctions intégratives et républicaines de l'école et les traumatismes de l'échec, ceux des classes moyennes sont déchirés entre le désir de performance et le souci du développement personnel. (Sans oublier que les enseignants sont aussi des parents de classes moyennes particulièrement efficaces et qu'ils construisent ainsi le modèle des « bons parents ».)

**Pourquoi ces tensions ?** Abandonnons un moment les acteurs, leurs sentiments et leurs idées, pour nous tourner vers le système scolaire et vers ses problèmes. Longtemps, l'école s'est trouvée comme préservée du monde ; longtemps, la culture y a été essentiellement scolaire ; longtemps, l'école a été coupée de la vie sociale par sa discipline et ses modes de vie. Longtemps, les sexes y étaient séparés, du cours préparatoire à la classe de terminale, montrant ainsi que l'école n'était pas la société et que, à bien des égards, elle était plus proche du couvent que de la vie quotidienne. Dans ce monde austère et fermé, les parents n'intervenaient guère, l'école était une institution assurée dont la légitimité paraissait s'imposer à tous. Ceux qui voulaient se mêler de l'école se tournaient vers le privé. Ce n'était pas l'école du XIXe siècle soumise au contrôle des parents et des notables qui payaient, c'était l'école de la République, celle d'un État dépassant les intérêts particuliers. On peut définir cette école par trois grandes caractéristiques.

*Le peuple allait à l'école primaire ; la bourgeoisie allait au lycée*

La première d'entre elles tenait au mode de sélection. L'école républicaine, jusqu'au milieu des années 60, reposait sur un fort principe de sélection sociale : la naissance, bien plus que la performance scolaire, fixait la carrière scolaire. Le peuple allait à l'école primaire ; la bourgeoisie allait au lycée. Les enfants des ouvriers méritants échappaient à l'apprentissage grâce à l'enseignement professionnel, comme les enfants des classes moyennes allaient à l'école primaire supérieure ou au collège. L'école républicaine avait repris le modèle des écoles religieuses en construisant des écoles séparées correspondant aux diverses catégories sociales. Ce qu'on appelait l'« élitisme républicain », un moment repris par Jean-Pierre Chevènement, ne procédait pas d'un projet d'égalité et de mobilité ; il consistait à sélectionner les meilleurs des élèves issus du peuple pour en faire des serviteurs de la République, des fonctionnaires et, surtout, des instituteurs. Cette école pouvait paraître juste parce qu'elle traitait de manière égalitaire et « neutre » des publics séparés. Ce qui était injuste, c'était d'abord la société qui interdisait l'accès de tous aux formations les plus prestigieuses. Les parents n'avaient pas à jouer aux stratèges scolaires.

Depuis, en se massifiant, l'école s'est donnée pour idéal de placer tous les élèves sur un pied d'égalité et, à terme, de les faire tous réussir selon leurs propres compétences. Dans une large mesure, le collège unique réalise le projet de justice inscrit dans le plan Langevin-Wallon.

La deuxième caractéristique de l'école tenait à la définition de ses finalités. L'école primaire était l'école de la République. Elle avait pour tâche de former des citoyens et des Français à travers des apprentissages élémentaires. Elle instaurait une légitimité politique nouvelle face à l'Église. La laïcité n'était pas seulement conçue comme une neutralité et une séparation de l'Église et de l'État, c'était aussi une morale publique, une croyance dans le progrès et la raison. Le lycée, de son côté, était dominé par le monde de la grande culture et des humanités et n'avait guère pour objectif de préparer à la vie active. Toute la hiérarchie des disciplines scolaires était dominée par les valeurs de la culture générale et de l'abstraction incarnées par les langues mortes, remplacées depuis par les mathématiques. « En bas » se tenaient les disciplines plus concrètes et plus pratiques, les sciences naturelles et les langues vivantes. Destiné aux héritiers, le lycée tournait le dos à l'utilité sociale, exaltait les valeurs de la connaissance gratuite. Entre ces deux écoles, le collège offrait une promotion aux bons élèves issus des milieux modestes sans leur permettre, pour autant, d'atteindre les voies royales du lycée.

Le ministère de l'Instruction publique reposait sur une forte distinction entre instruction et éducation. L'école était centrée sur les apprentissages, elle s'adressait avant tout à des *élèves*, non à des *enfants* ou à des *adolescents*. Ni l'enfance ni l'adolescence ne pouvaient entrer à l'école, et toute la discipline visait à maintenir la porte close. D'ailleurs, la grande majorité des adolescents n'étaient pas scolarisés, notamment les plus pauvres et tous ceux qui étaient issus des vagues successives d'immigration. Ainsi, l'école s'est longtemps protégée des débordements de la jeunesse et de la société, les territoires des parents et des maîtres étaient nettement séparés. Les digues ont plus ou moins tenu jusqu'à Mai 68.

Ce système a engendré une forte régulation des relations scolaires. Les rôles de maître et d'élève étaient clairement définis. Les attentes réciproques étaient établies en amont de l'école. Le recrutement social des enseignants était en harmonie avec les publics homogènes. Les instituteurs venaient de l'élite du peuple, les professeurs, des classes moyennes, et les professeurs d'atelier, de la classe ouvrière. Tous semblaient « à leur place ». Les établissements n'étaient que des agrégats de classes réglées par des programmes et des méthodes pédagogiques communes. Ce système ne laissait évidemment guère de place aux parents, l'autorité des maîtres n'était guère contestable et, sur-

tout, l'école accomplissait les destins inscrits dans la naissance de chacun.
Depuis plus de trente ans aujourd'hui, ce système, paisible et injuste à la fois, a été bousculé. Aucun des principes anciens ne tient plus aussi solidement et les familles sont entrées dans le jeu.
La massification scolaire a changé les règles : l'école opère directement la sélection en accueillant tous les élèves au collège et en les distribuant dans les diverses filières selon leurs compétences. Autrement dit, ce n'est plus la naissance qui détermine la carrière scolaire, c'est la performance, même si cette performance est, à son tour, dépendante d'un contexte social. Tous les élèves entrent dans la machine qui les classe selon ses propres hiérarchies. Ce changement, amorcé dans les années 60 et qui n'a cessé de s'affirmer depuis, a profondément transformé la nature de l'école. En se massifiant, le système s'est à la fois hiérarchisé et « complexifié ». Bref, il s'est créé un « marché » scolaire dans lequel les filières et les établissements entrent en concurrence. Chacun sait que toutes les formations et tous les établissements ne se valent pas. Pour les parents, il ne suffit donc plus de laisser les destins sociaux s'accomplir, il faut acquérir une véritable « expertise » pour orienter les enfants dans le dédale des formations et pour anticiper les orientations. Les palmarès des lycées sont régulièrement publiés par la presse, les revues spécialisées dans le « management » des élèves se sont multipliées, les évaluations mesurent l'efficacité du système et celle des diplômes... Les parents performants ne sont pas seulement privi-

légiés, ce sont aussi des parents avertis conduisant au mieux la scolarité de leurs enfants, et ce dans l'ensemble du système, public comme privé. Les citoyens qui confiaient leurs enfants à l'école sont devenus des usagers avertis. Pour assurer la réussite de leurs enfants, ils doivent se mêler directement des affaires scolaires, et les enquêtes nous enseignent que cette capacité d'intervenir est devenue un facteur essentiel de succès. Une des grandes injustices tient à l'information très inégale des parents ; certains connaissent les mécanismes cachés du système alors que d'autres les ignorent.

Les finalités de l'école ont, elles aussi, été bouleversées. Dans une école de masse qui distribue un grand nombre de diplômes, l'emprise des qualifications scolaires sur l'accès à l'emploi s'est fortement renforcée. Les diplômes ne sont plus seulement utiles aux seuls fonctionnaires, techniciens et « professionnels », ils sont indispensables à tous. Face au chômage des jeunes, ils sont aussi un instrument de protection relative contre l'exclusion. On n'attend pas seulement de l'école qu'elle instruise les enfants, on veut aussi qu'elle leur permette d'entrer sur le marché du travail. Peu importe que l'école ne soit pas responsable des mutations de qualifications, elle remplit une fonction de distribution sociale qui restait marginale dans l'école républicaine – ce qui n'est pas pour peu dans l'image enchantée qui nous en reste. Là aussi, les parents sont mobilisés. Dès l'école primaire, ils savent que les jugements scolaires fixent l'avenir de leurs enfants.

Enfin, l'école ne s'adresse plus seulement à des élèves.

Peu à peu, l'enfant s'est imposé à côté de l'élève. Les maîtres ont appris la psychologie de l'enfant, les activités expressives se sont multipliées. Il importe que l'enfant soit heureux à l'école et puisse s'y épanouir. L'école ne forme pas seulement des citoyens, elle fabrique aussi des individus. Là encore, les parents sont mobilisés et, depuis longtemps, l'école primaire n'est plus une forteresse ; il va de soi que les parents doivent collaborer à la vie scolaire. Le changement est beaucoup plus brutal au collège : depuis qu'il n'est plus réservé aux seuls meilleurs élèves, le collège accueille tous les adolescents et, avec eux, tous les problèmes psychologiques et sociaux. Et ce n'est pas un hasard si le collège est devenu le maillon faible du système. À la fois école de tous et début de la sélection, il se heurte à l'hétérogénéité des élèves. Son fonctionnement est sans cesse « parasité » par la vie juvénile d'élèves qui ne sont plus des enfants soumis à l'autorité « naturelle » des adultes, et où ils ne sont pas encore des lycéens anticipant les enjeux sociaux des études. Au collège, plus que partout ailleurs, se pose la question de l'« ouverture » de l'école, des « droits » des élèves, de la place des parents.

Le vieux monde scolaire n'est pas seulement en crise, il a changé de nature. Les vieilles régulations se sont défaites, les vieux accords sont devenus plus incertains. Il ne suffit plus que les divers acteurs jouent leur rôle, ils doivent être « motivés », ils doivent s'engager dans leur « métier » d'élève, de professeur ou de parent. Les dimensions subjectives de l'expérience scolaire sont de plus en plus essentielles à la socialisation. À l'ordre stable des institutions s'est substitué le jeu des relations entre les parents, les élèves et leurs enseignants, engendrant souvent des incertitudes, des espoirs excessifs, des déceptions et des rancœurs...

**Les enjeux de l'éducation** Toute école remplit trois fonctions essentielles : distribution des compétences, intégration sociale et éducation. L'école répartit les élèves dans le marché des qualifications, elle doit être juste. Elle intègre les enfants dans une culture commune, elle doit être *une*. Elle participe de la formation de la personnalité des élèves, elle doit être compréhensive et diverse, dans la mesure où tous les élèves sont différents. On comprend bien que tous ces objectifs ne sont que faiblement compatibles et qu'il est trop facile d'annoncer de grands principes sans tenir compte des contraintes de l'action. On comprend aussi pourquoi se multiplient les procès d'intention visant le corporatisme des enseignants, les lourdeurs de l'administration, l'égoïsme des parents, la démotivation des élèves, la « décadence » de la société... L'école est chargée de trop d'ambitions pour ne pas décevoir.

En ce qui concerne la justice et les inégalités, le bilan des trente dernières années est double et contrasté. D'une part, l'école s'est démocratisée dans la mesure où de plus en plus d'élèves issus des milieux populaires obtiennent des diplômes d'enseignement général, font des études longues, entrent à l'université. D'autre part, si l'on examine les filières et les types

de diplômes, les écarts entre les divers groupes sociaux se sont maintenus ou creusés. Les baccalauréats scientifiques, les classes préparatoires restent le privilège des privilégiés, l'enseignement professionnel continue à accueillir les plus défavorisés. Face à ce bilan, une question se pose. Le traitement égalitaire de tous les élèves est-il un facteur d'égalité ou bien creuse-t-il les écarts ? Faut-il accentuer le mouvement vers l'égalité de traitement ou faut-il introduire des mécanismes inégalitaires pour produire plus d'égalité ? Faut-il rester « républicain », ou faut-il introduire une dose de « discrimination positive » ?
Au-delà de la théologie des principes, la réponse n'est pas simple, car nous souffrons à la fois d'un manque d'égalité et d'un excès d'égalité. Le manque d'égalité de l'offre scolaire est patent. Dans l'enseignement public, tous les établissements ne disposent pas des mêmes ressources et, surtout, le « marché » des établissements a considérablement accentué les écarts. D'un côté et de l'autre de la rue principale de la même commune, du centre de Paris à la banlieue, se tiennent des écoles et des collèges si contrastés que l'unité républicaine ne semble plus subsister que dans la devise inscrite au fronton des mairies. Si « marché » il y a, alors la justice consiste à le rendre plus transparent. Or nous savons que les professeurs et les classes moyennes connaissent tous les subtilités de ce « marché », tandis que les moins favorisés les ignorent et sont soumis aux seules règles administratives. Ce double système engendre les plus grandes inégalités, et l'on sait que les parents d'élèves organisés en asso-

ciations s'efforcent d'obtenir les informations cachées, surtout après le collège, quand le lycée inscrira les plus grandes différences. Ce serait faire œuvre de justice que de rendre cette information publique afin de réduire la distance entre les « experts » et les ignorants. Le modèle français a toujours affirmé que l'offre scolaire égalitaire devait produire de l'égalité. L'expérience de la massification scolaire des trente dernières années est loin de confirmer ce postulat, notamment pour les collèges. Alors que certains collèges fonctionnent comme de « petits lycées bourgeois », d'autres s'épuisent à courir derrière un modèle irréaliste, engendrant un sentiment général d'échec et de scepticisme. En effet, non seulement les élèves échouent, mais, convaincus de leur incompétence, ils se détruisent peu à peu. Ne faudrait-il pas alors renoncer à un tel principe d'égalité ? Ne faudrait-il pas aussi « donner plus à ceux qui ont moins » ? Ce principe vaut déjà pour bien des aides sociales ; dans le domaine scolaire, il est amorcé avec les zones d'éducation prioritaires (ZEP). En dépit de l'incertitude quant aux résultats de cette politique, elle devrait être sensiblement renforcée. Comme dans le domaine économique, il convient d'établir des principes compensateurs, car, après tout, si le système éducatif français apparaît globalement performant et efficace, son homogénéité de principe ne l'a pas rendu plus juste que beaucoup d'autres. Il ne crée pas plus d'égalité ; au contraire, il accentue souvent les inégalités. En tout cas, il importe de choisir et de ne pas se bercer de slogans.

*Ne faudrait-il pas alors renoncer à un tel principe d'égalité ?*

Le modèle scolaire français a toujours affirmé sa force

et sa grandeur par son autonomie face à la société. Ce fut longtemps un modèle fermé, centré sur les seuls apprentissages scolaires, vaguement indifférent aux formations professionnelles rejetées à la marge du système. L'unité culturelle de ce modèle a été identifiée à l'unité de la République et de la nation. Les diverses affaires de « foulard islamique » ont montré à quel point cette représentation demeure vivace. Mais si la laïcité est définie comme neutralité religieuse, elle comporte aussi l'obligation d'accueillir tous les enfants. Aussi les « foulards » ont-ils réactivé une contradiction que l'on croyait disparue avec la guerre scolaire. Si l'on regarde les choses de plus près, cette neutralité laïque a toujours connu bien des aménagements. Il y a d'abord la « complicité » culturelle entre l'universalisme républicain et la culture les classes moyennes, complicité que les parents cherchent à maintenir. Il existe aussi l'espace de l'enseignement privé qui tolère des particularismes religieux, catholique ou juif, que nous acceptons fort bien. Pourquoi n'y aurait-il pas des écoles musulmanes ? Il est vrai que la majorité des musulmans français sont trop pauvres pour financer de telles écoles et que ceux qui en posséderaient les ressources ne semblent guère s'y intéresser en dehors d'un strict enseignement religieux. Et puis, n'oublions pas ce fait tout simple : l'école laïque participe pleinement d'une civilisation nationale chrétienne, même pour ceux qui ne croient ni en Dieu ni au diable.

Le problème est d'autant plus délicat que l'affirmation des particularismes, sans en exagérer l'importance en France, procède moins de la force des communautés que des difficultés d'intégration sociale des enfants qui en sont issus. Autrement dit, ce qu'on appelle le sentiment communautaire musulman est moins l'expression d'une forte identité culturelle qu'il n'est la manifestation des difficultés sociales de ceux qui ne parviennent pas à trouver leur place. Ne pouvant pénétrer dans la France telle qu'elle est, résistant au racisme ambiant, ils en appellent parfois à des racines imaginaires ou réelles. Il faut donc apprendre à négocier avec ces groupes. Si l'école doit être un « sanctuaire », elle ne doit pas être une forteresse, ou alors il nous faudra accepter la violence engendrée par toutes les forteresses. Cela implique une certaine autonomie des établissements et requiert une réelle capacité de négociation si l'on ne veut pas voir des écoles se muer en « enclaves coloniales » dans lesquelles les bons sentiments le partagent à la répression, les principes universels à la ségrégation latente. Cela implique aussi que se forment des groupes de parents capables de parler avec l'école. Bref, l'école doit avoir les moyens de dialoguer avec une certaine diversité sociale plutôt que de s'arc-bouter sur un « républicanisme » qui n'est plus que l'universalisme des Français « de souche » et des classes moyennes. Au lieu de jouer à se faire peur avec les excès du *politically correct* et du communautaire américain, nous pourrions aussi regarder du côté des social-démocraties scandinaves soucieuses à la fois d'égalité et de respect des cultures – même si la France n'aurait rien à gagner à devenir la Suède. L'histoire nous apprend que l'école républicaine a toujours su composer plus qu'on ne le croit avec les diversités sociales ; il est vrai que cette école se sentait alors portée par le progrès et par l'histoire.

Le dernier problème est celui du statut des élèves. Il ne se pose guère à l'école primaire, qui s'est efforcée de réconcilier l'enfant et l'élève, même si cet accord est parfois menacé par un culte de la performance qui commence de plus en plus tôt. Mais la difficulté surgit pleinement au collège. Que faire de l'adolescence, que faire de tout ce qui ne relève pas strictement de l'instruction ? L'éducation démocratique ne peut plus se borner aux leçons d'instruction civique. Elle passe par la construction d'une civilité scolaire dans laquelle les élèves apprennent à user de leurs droits et de leurs devoirs. Or il faut bien reconnaître que, dans la plupart des établissements, la vie commune se forge dans la confrontation entre un règlement intérieur qui ne fixe que des devoirs et une vie juvénile autonome, indifférente à l'école. Supportable pour les collégiens « triés » d'autrefois, qui acceptaient aisément les règles du jeu et avaient une certaine conscience de leurs intérêts bien compris, ce modèle ne vaut plus dans les collèges les moins favorisés. Là aussi, il importe de construire une vie commune dans laquelle la présence des parents dans les conseils d'administration ne peut pas se substituer complètement à celle des élèves qui n'appartiennent plus totalement ni à l'école ni à leur famille.

L'école ne peut répondre à tous ces problèmes sans apprendre à parler avec les parents. Pas seulement avec les parents tels qu'ils devraient être, conformes aux besoins et aux finalités de l'école, mais avec les parents tels qu'ils sont, avec leurs ressources différentes et leurs attentes particulières. Mais la chose n'est pas simple, car les familles ne forment pas naturellement un acteur collectif « conscient et organisé ».

**Des intérêts personnels à l'action collective** Les parents d'élèves sont avant tout les parents de leurs enfants. De plus, on n'est parent d'élève que le temps de la scolarité de ses enfants. Dans la grande majorité des cas, ils ne rencontrent les enseignants que pour parler de leurs propres enfants. Cet « égoïsme » est bien naturel et se trouve renforcé par le fait que tous les élèves, qu'on le veuille ou non, sont en situation de rivalité latente. Tout cela fait que l'action collective des parents est difficile à construire, sauf dans le cas de l'enseignement privé où les parents sont directement engagés dans la défense de « leurs » établissements et dans une action de *lobbying* plus large.
L'action collective suppose des intérêts et des objectifs communs. À l'école publique, les fédérations de parents d'élèves se sont constituées sur des principes et des valeurs partagés. La PEEP (Parents d'élèves de l'école publique) s'est formée dans les années 20 avec les parents d'élèves des grands lycées parisiens soucieux de défendre les valeurs traditionnelles de la famille et des humanités classiques contre les empiétements de l'école et d'une idéologie laïque jugée « agressive ». Conservatrice, elle a toujours connu des tensions avec les enseignants et leurs syndicats, même si elle est aujourd'hui plus ouverte dans le domaine

pédagogique. La FCPE (Fédération des conseils de parents d'élèves) est issue du soutien des syndicats enseignants cherchant des alliés chez les parents. Longtemps, cette fédération a « collé » aux syndicats de gauche, même si elle semble plus autonome aujourd'hui. Mais, dans les deux cas, les conseils de parents d'élèves se sont heurtés sur le terrain aux fortes résistances des enseignants. Tolérés, les parents devaient se borner à discuter des problèmes matériels de l'école, ils ne pouvaient intervenir ni sur la pédagogie, ni sur l'orientation et la sélection, ni sur les décisions relatives à la vie collective des établissements. Soutenant ou critiquant telle ou telle revendication, soutenant ou refusant telle ou telle décision du ministre, les fédérations de parents d'élèves apparaissaient comme des acteurs marginaux de l'école.

Les choses ont un peu changé depuis que la loi Savary a donné plus de place aux parents. Ils siègent dans les conseils d'administration des établissements, ils peuvent faire appel des décisions d'orientation. Avec plus ou moins de bonne grâce, les enseignants ont appris à les tolérer ou à les accepter. Au plan local, les parents d'élèves jouent un rôle. Mais peut-il exister une politique des parents d'élèves ? Pour le dire autrement, existe-t-il un lien entre l'action locale pour tel ou tel aménagement scolaire – contre la fermeture d'une classe ou le remplacement d'un enseignant – et une action plus globale portant sur les orientations générales du système scolaire ? Aujourd'hui, les deux niveaux de l'action paraissent extrêmement distants. Les responsables des fédérations rencontrent le ministre et affichent leurs préférences, tandis que les conseils d'écoles s'occupent des affaires locales, le plus souvent indépendamment des orientations générales des fédérations.

À qui « appartient » l'école ? On sent bien la nécessité d'ouvrir un « débat » sur l'école. Mais qui peut en définir les objectifs et les principes : les enseignants, les élus, les parents, les experts, les élèves eux-mêmes ? « Tous », dira-t-on pour ne fâcher personne tout en sachant que cette réponse n'engage à rien.

La querelle entre les enseignants et les parents ne peut être réduite à celle des corporatismes et des égoïsmes. Les premiers veulent maintenir l'unité et la neutralité d'une institution, même s'ils défendent par là leurs intérêts de corps. Les seconds veulent une école ouverte aux demandes particulières, plus transparente aussi, même si ces demandes accentuent les écarts entre les groupes qui ont des ressources et ceux qui n'en ont pas. On voit bien les deux risques qui menacent l'école : celui d'une fermeture sur ses principes, celui d'une ouverture qui en accentuerait les inégalités. Il nous faut donc apprendre à négocier entre ces deux principes opposés, et cela d'autant plus que le maintien du *statu quo* ne joue, au bout du compte, que pour les plus favorisés : ceux qui font un usage « privé » d'une institution « universelle ».

Si l'école ne doit pas laisser prise à la concurrence des groupes sociaux, elle doit entreprendre un véritable effort d'ouverture en direction des parents qui sont exclus de son fonctionnement. Elle ne peut se borner à dialoguer avec les parents socialement et culturellement proches des enseignants. C'est pour cette raison que chaque établissement doit avoir la possibilité de s'adapter à la nature de ses publics, qu'il doit mobiliser les parents, les informer des mécanismes cachés au plus grand nombre. L'école doit prendre le temps de dire et d'expliquer ce qu'elle fait au-delà des quelques réunions rituelles entre parents et enseignants et du dialogue obligé avec les associations reconnues. Il faut bien admettre que cette action, qui ne peut être déléguée à des médiateurs ou à ceux qui s'engagent dans l'aide aux devoirs, implique une action volontaire des établissements et des enseignants. Celle-ci doit surmonter toute la défiance qui sépare l'école et les parents les moins favorisés. En ces temps de pragmatisme et de désenchantement, il importe de se souvenir que l'éducation est un *projet*, une action volontaire, si l'on veut essayer d'atténuer l'aspect négatif de la « complicité » entre l'école et les classes moyennes. La tension entre l'école et les familles ne peut pas être réduite, elle doit être négociée.

En France, l'école n'est pas une institution comme une autre, non seulement parce que chacun lui confie ses enfants, mais aussi parce que l'école de la République fut identifiée à la formation de la nation elle-même et aux valeurs de la démocratie. Aussi, tout ce qui concerne l'école touche au sacré. Les discussions relatives aux droits des élèves, à ceux des parents, aux programmes ne sont le plus souvent que des discussions sur les principes. Or il nous faut admettre que l'école n'a plus à

« conquérir » la société, qu'elle vit aujourd'hui dans plusieurs sphères de valeurs : celle d'une égalité de traitement, celle d'une formation des individus, celle d'un ajustement aux contraintes des qualifications.

Or, pour régler de tels débats, il n'existe qu'une procédure acceptable, celle de la démocratie. On n'imagine guère quelle question référendaire pourrait être posée aux Français, et on n'imagine que trop les conséquences d'un tel recours.

Je crois que l'école doit à la fois affirmer son rôle unificateur et introduire des mécanismes compensateurs des inégalités. Mais elle doit aussi mobiliser les parents tels qu'ils sont, les associer au modèle éducatif qu'elle veut promouvoir, prendre le temps d'expliquer ce qu'elle fait et comment elle le fait, entendre ce qui lui est demandé – et c'est au cœur des établissements que cela peut se faire. Pourquoi faut-il attendre que les situations paraissent désespérées, comme dans certains établissements de banlieue, pour imaginer que l'éducation des enfants soit l'affaire de tous ?

*François Dubet est chercheur à l'École des hautes études en sciences sociales et professeur à l'université de Bordeaux-II. Il a, en compagnie de Danilo Martuccelli, observé et questionné pendant plusieurs années les écoliers, les collégiens et les lycéens afin de décrire et de comprendre leur expérience de l'école et les relations qu'ils nouent avec les adultes, professeurs ou parents. Il est l'auteur notamment de* À l'école : sociologie de l'expérience scolaire *(en collaboration avec D. Martucceli, Seuil, 1996)* ; Sociologie de l'expérience *(Seuil, 1994)* ; Les Lycéens *(Seuil, 1991)* ; La Galère, jeunes en survie *(Seuil, 1995 ; Fayard, 1987).*

# Carrefour

***Sur le champ de la famille et de la banlieue, sociologues et pédagogues croisent leur regard pour comprendre le malentendu entre l'école et les familles. À la lumière de l'histoire, François de Singly, Bernard Charlot et Philippe Meirieu soulignent les nouvelles attentes et attitudes des parents et des élèves. Ils désignent de nouveaux contrats possibles dans lesquels un nécessaire décalage des rôles et des objectifs serait accepté.***

# La mobilisation familiale pour le capital scolaire

**François de Singly**

**Sociologue de la famille,** *François de Singly analyse comment l'acquisition du savoir est venue remplacer la transmission du patrimoine. Investi de ce « capital scolaire-familial » dont il est désormais le seul maître, l'enfant est l'objet de toutes les espérances et désillusions familiales. Une réflexion ouverte sur le statut de l'enfant à qui revient la lourde charge de faire le lien entre l'école et la famille.*



Si l'on se situe dans la perspective de Philippe Ariès (*L'Enfant et la vie familiale sous l'Ancien Régime*, Plon, 1960), l'invention de la famille « moderne », l'invention du sentiment se sont effectuées autour de la figure de l'enfant. Cette « nouvelle famille », « sentimentale et éducative », naît au XVIIIe siècle, et nous en incarnons la continuité. Or cette famille-là n'émerge que dans sa relation à l'école.

En effet, alors qu'auparavant, dans la famille aristocratique, l'enfant était placé à l'âge de raison en « apprentissage » dans une autre famille noble, la création de l'école a retardé la sortie de l'enfance. Car, d'une certaine façon, en retirant ainsi l'enfant à sa famille, l'école le lui rend en entretenant une dépendance prolongée. Si l'on emprunte par ailleurs à la sociologie de Pierre

Bourdieu, il apparaît aux alentours de la fin du XIXe siècle, dans l'« économie » de la famille, un « mode de production » scolaire succédant à un mode de production économique, dont la référence n'est plus désormais la terre ni la propriété, mais l'école.
Cette famille éducative est aussi, historiquement, le lieu de naissance de l'amour conjugal. Cette valeur de l'école, personnelle et intériorisée, permet à l'amour d'être compatible avec le mariage, alors que l'amour en Occident était jusque-là inscrit dans une opposition au mariage et au cadre familial tributaire d'un capital économique qui apparaissait comme extérieur, voire étranger à l'individu et à ses aspirations (*cf.* Denis de Rougemont, *L'Amour et l'Occident*, 10-18, 1962).
Dans cette nouvelle perspective, la famille contribue encore à la reproduction sociale. Alors que l'ancienne famille était patrimoniale, la nouvelle logique de l'école suscite, peu à peu, l'émergence d'un « capital scolaire » qui sert à légitimer les positions respectives des enfants dans l'espace social. Sur le fond, cependant, ce passage du patrimoine terrien aux diplômes a provoqué une déstabilisation de la famille ancienne. D'abord, au plan de l'autorité : dans la famille traditionnelle, le père désignait l'héritier. Aujourd'hui, la fonction de validation de chacun des enfants est retirée à la famille pour être dévolue à une institution externe, l'école.
Le deuxième élément de cette délégitimation de la famille, et de l'autorité paternelle en particulier, réside dans le caractère inaliénable de la thésaurisation acquise pas à pas par l'enfant. Dans l'ancienne transmission au fils héritier, le père avait encore le pouvoir de retirer

l'héritage au moment même de la transmission au fils qui avait « dérogé » (déshonneur, mésalliance, etc.). Or, dans la nouvelle configuration, le patrimoine de la famille est intériorisé par chacun des enfants, sans que les parents puissent le reprendre. L'enfant, de ce point de vue, apparaît désormais comme un individu autonome entre l'école et sa famille, qui accepte, ou non, de jouer le jeu de la mobilisation et de l'investissement familial en matière scolaire.

*Les familles veulent à tout prix que leurs enfants réussissent et s'épanouissent à la fois*

L'école a mis à bas la famille traditionnelle. Du coup, la famille est plus structurée par l'école que celle-ci ne l'est par la famille. Mais naît, malgré tout, un malentendu : celui de l'emprise de la famille sur l'école. La rivalité entre les deux institutions s'établit autour de la « propriété » de l'enfant. Le fait que le destin de l'enfant se joue désormais, pour une grande part, à l'extérieur d'elle-même ne signifie pas que la famille s'en désintéresse. Au contraire, elle redouble d'amour à son égard... Elle tente de contrôler ce destin scolaire qui lui échappe en grande partie, notamment en recherchant la meilleure école possible.

L'une de ces écoles candidates à l'excellence pourrait être définie en termes d'« escompte » scolaire. Ce pourrait être, tout autant qu'une autre, l'école publique. Mais, dans le même temps – et c'est ce que l'école publique n'a pas maîtrisé à ce jour –, les familles veulent à tout prix que leurs enfants réussissent *et* s'épanouissent à la fois. Ainsi, un enfant qui redouble doit-il retrouver des professeurs avec lesquels il peut avoir de mauvaises relations ? L'enseignement public n'offrant que cette possibilité-là, les parents peuvent alors se tourner vers l'enseignement privé, qui devient ainsi une école de la deuxième chance. Cette logique contemporaine de la « deuxième chance » gouverne, d'ailleurs, toute la vie privée à travers les remariages et autres familles recomposées : chacun accepte l'échec d'une expérience, d'un amour, etc., mais non l'enfermement dans l'échec. L'école, moins qu'une autre, ne peut échapper à cette exigence toute contemporaine.

Un autre conflit, sans doute plus aigu, concerne la place du « capital moral » dans l'éducation de l'enfant. Jadis rattaché au fonds patrimonial, il est constitué par l'ensemble des valeurs que l'enfant doit accepter comme les valeurs supérieures de son groupe d'appartenance et, surtout, comme supérieures à lui-même. Or il n'est pas sûr que ce conflit soit tranché à ce jour : jusqu'à quel point les parents modernes préfèrent-ils donner un bagage relationnel, d'épanouissement psychologique, plutôt qu'un capital moral – capital moral dont, jusqu'ici en France, la référence majeure est, peu ou prou, la morale chrétienne ? (Or ce passage du capital moral au capital affectif s'est plutôt effectué sous l'influence de certains milieux catholiques, comme en témoigne la transformation de la « bonne presse », bien-pensante, en Bayard Presse, au souci pédagogique très affirmé.)

En fait, une partie des parents rêvent d'une école qui offrirait à la fois la réussite de l'enfant, son épanouissement personnel *et* la garantie de valeurs supérieures à la valeur individuelle. Le plus souvent, les parents choisissent selon une pondération dont on ignore la recette. Ainsi, l'école privée peut ne plus jouer le seul rôle d'école de rattrapage ou d'accumulation de valeurs morales, mais encore celui de lieu d'épanouissement de l'enfant. Si un très grand nombre de familles partagent ces mêmes rêves, elles se différencient par les moyens de les réaliser ; et l'institution scolaire s'inscrit forcément dans un compromis par rapport à ces aspirations.

Cela posé, dès l'approche des dernières classes du secondaire et, *a fortiori*, des classes préparatoires, la plupart des familles mettent plutôt l'accent sur le savoir que sur l'épanouissement de leurs enfants. C'est aussi à ce moment-là que les filles « décrochent », ayant intériorisé plus que les garçons la volonté de ne pas renoncer à leur épanouissement, et acceptant d'ores et déjà un destin, en quelque sorte. Car, dans l'ensemble, et jusqu'à aujourd'hui, elles ne croient pas, ou moins, au prix à payer pour le capital scolaire – même si, avec l'émergence de la famille relationnelle (imposée en partie par les femmes à partir des années 70), le capital scolaire est, lui, non sexué. Mais, sur le fond, les hommes restent davantage des accumulateurs unidimensionnels.

D'un autre côté est apparue, pendant les années 60-70, une manière d'unification des attentes familliales ; c'est ainsi qu'à un moment donné la majorité du milieu ouvrier s'est mise à croire à l'école. Pour ces familles populaires, l'école et le diplôme deviennent un destin, sinon probable, au moins pensable. Cette évolution a eu, et continue d'avoir, des effets considérables. Tant il est vrai que l'école constitue le véritable pivot de la famille contemporaine, comme il est tout aussi vrai que les grands mouvements de mobilisation des familles, au point de les faire descendre dans la rue, tournent presque exclusivement autour de l'école. Quand on touche à l'école, on touche à la famille !

Dès lors, une partie de ce qui est interprété comme une « démission » des parents devant l'école n'est qu'erreur. D'abord, et avant tout, les familles, en France, ne démissionnent pas. Au contraire, nous serions plutôt dans une logique obsessionnelle par rapport à l'école (et la logique du marché y pousse de toute façon...). Au XIX^e^ siècle, un ouvrier agricole pensait rarement que son enfant pût un jour devenir propriétaire ; aujourd'hui, l'école suscite une espérance plus grande. Comme cet investissement scolaire renvoie à la distribution des places au sein de la société, les contemporains se retrouvent à la fois dans la croyance et... dans la désillusion.

L'Église, elle, avait une façon plus restrictive de présenter l'accès au paradis : la grâce passait pour se montrer sélective, bien qu'on eût toujours le recours de devenir saint... De nos jours, on peut tenter de devenir cadre, mais tout le monde ne sera pas cadre... L'école républicaine, malgré son mythique bâton de maréchal glissé dans la gibecière de chaque écolier, avait résolu le problème d'un accès congru au paradis en supprimant tout risque : elle donnait 100 % de gagnants... mais sur 10 % de joueurs – en écrémant la masse par le choix de ses boursiers hypersélectionnés. Car le modèle républicain n'a jamais mieux fonctionné qu'en choisissant quelques élus au moment du passage crucial entre le primaire et le secondaire, tandis que les autres, le plus gros de la troupe, n'en concevaient plus ni espérance ni désespoir. Aujourd'hui, on croit pouvoir promettre la réussite à 100 % des joueurs – avec un bac qui progresse... Tout le monde ou presque reçoit la même étiquette, mais, sous l'étiquette, le produit ne se révèle pas identique pour les uns et les autres. La hiérarchisation de la société et le maintien d'une micro-élite avec les grandes écoles brisent le rêve.

Sur le fond, il vaudrait sans doute mieux qu'il y ait moins de « croyants » en ce paradis de la réussite assurée, mais personne ne veut prendre la responsabilité de faire en sorte que cette piété tiédisse. Or, sur ce point, la famille a bon dos... Car ce n'est pas elle qui a créé cette croyance – ni les méfaits de cette illusion – du 100 % de gagnants ! D'ailleurs, oserait-on lui demander de reproduire des enfants qui ne croient plus en l'avenir ? Quelle famille choisirait entre ses enfants pour « pousser » l'un à l'école et abandonner l'autre à son sort ? Il y a beaucoup d'hypocrisie à désigner les familles comme coupables d'entretenir cette espérance, voire cette exigence : c'est vrai qu'elles y ont cru et qu'elles y croient – mais tout aura été fait pour que ce soit le cas.

Rien d'étonnant à ce que, dans le fonctionnement quotidien entre la famille et l'école, cette contradiction se creuse : la majorité des familles est très préoccupée de la bonne marche scolaire de sa progéniture. Les enfants, eux, sont écartelés entre des situations de dépendance (ils peuvent demeurer jusqu'à l'âge de vingt-cinq ans chez leurs parents) et d'autres fondées sur la construction d'autonomie, en partie reconnue (la « culture jeune », la sexualité, etc.). Le travail de la famille consiste donc à négocier entre ces deux pôles ; afin qu'il s'épanouisse, la famille concède à l'enfant le droit à certaines pratiques indépendantes échappant en partie au contrôle des parents, et cela à un âge de plus en plus précoce. Ne serait-ce que parce que ces parents évoluent, eux aussi, dans leur aspiration à une identité autonome (au sein du couple, par exemple). Quelque chose d'assez subtil se met alors en place : l'investissement scolaire de l'enfant est pensé comme pouvant être contrôlé et encouragé par les parents, tandis que l'autre partie de sa vie ne doit pas, elle, être trop scrutée... Le parangon du bon élève serait, de ce point de vue, celui qui réussirait à l'école tout en écoutant Fun Radio !

Une contradiction forte s'élève ici entre l'enfant et la famille : jusqu'où les parents s'impliqueront-ils pour préserver le capital « familial-scolaire » face à l'école et aux enseignants ? Trop ? Pas assez ? Et qui jauge, et juge, ce « trop » ou ce « pas assez » ? Pourquoi, quand la scolarité se déroule bien, aller jusqu'à revendiquer cette réussite comme familiale ? Si cela va mal à l'école, les parents peuvent intervenir, mais risquent de se voir désigner comme responsables...

Une deuxième difficulté surgit : les parents modernes, quel que soit leur milieu, rêvent que le savoir, *dispensé*, *validé* par l'école, soit aussi *contrôlé* par l'école. Ils souhaitent que le rapport autoritaire à ces procédures de distribution, de validation et de contrôle soit assumé... par l'école. C'est à vous, professeurs, de prendre en charge les règles impersonnelles de rapport au savoir, tandis que nous, parents, nous prendrons en charge l'aspect relationnel ! Qui ne rêve d'un tel partage des rôles ? Cette division du travail (imaginaire) a valeur quasi universelle, y compris chez les parents… enseignants.

*À la famille, le relationnel ; à l'école, le savoir et son contrôle*

Si les parents caressent ce rêve, c'est pour conserver de bonnes relations avec leur enfant ; et non seulement aujourd'hui, mais encore demain. Pour cela, ils se montrent prêts à beaucoup de compromis. Devant cet espoir, l'autorité est dévalorisée par le père et la mère, étant perçue comme menaçant la relation personnelle. Les familles souhaitent assumer la seule gestion des rapports affectifs, tandis que l'école se chargerait, elle, de la transmission du savoir et de la contrainte autoritaire qui lui est liée. La contradiction, impitoyable, montre encore une fois les dents : la définition de chacun d'entre nous n'est pas divisible ; chacun de nous tend à l'unité de sa personne. Et quand le professeur pénètre dans sa salle de classe, il ne peut renoncer à son propre désir de personnalisation : il voudrait que ses élèves aiment le savoir, mais aussi lui-même… Et, en l'occurrence, qui a cru le plus, dans les années 60-70, à cette postulation personnelle, relationnelle, sinon les enseignants ? Ces derniers, de leur côté, rêvent que le « sale boulot » soit exécuté par la famille pour qu'eux-mêmes puissent s'occuper un peu plus du relationnel…

C'est dire si le malentendu et la double méprise ont emmêlé leur écheveau ! Comme le pensait Émile Durkheim dès la fin du XIX^e^ siècle, la famille, au fond, n'est pas tellement faite pour édicter et faire respecter les règles : à l'en croire, il y a trop d'affectif là-dedans... C'est plutôt à l'école de se charger de la vile besogne. De ce point de vue, les parents ne sont pas démissionnaires (ils inculquent avec efficacité la croyance en l'école) ; mais démissionnaires ils sont, si l'on entend par là qu'ils ne veulent pas jouer les profs à la maison, ou le « père autoritaire », modèle contre lequel les parents modernes s'élèvent depuis maintenant quelques décennies.

Dès lors que ce malentendu d'aspirations qui se croisent sans se rencontrer (un chiasme parfait) ne peut que perdurer, jusqu'à quel point les institutions de la société peuvent-elles séparer ces logiques opposées ? On ne voit pas au nom de quoi on pourrait reprocher à la famille moderne d'être relationnelle ; à rebours, l'école doit-elle fonctionner comme une famille ? Non ! Pas plus que la famille ne doit fonctionner comme une école !

Nombre d'enseignants se plaignent aujourd'hui d'être contraints de « réparer » les déchirures du tissu social ou familial qui leur échoient en partage. Le problème de certains dysfonctionnements dus à la vie relationnelle – conjugale – des familles, dont les enfants à certains moments de leur vie souffrent, est très compliqué. En France, les sociologues traitent peu cette question généralement prise en charge par les psychologues. Mais certains travaux américains, qui étudient assez finement les trajectoires scolaires en fonction des relations des parents, montrent que la situation n'est pas si catastrophique. Le problème n'étant pas tant d'ailleurs celui du divorce que celui de la mésentente, qu'elle aboutisse ou non à une séparation des parents

– la seule réforme envisageable, en ce cas, serait la suppression totale de l'amour ! À l'école, les différences entre les enfants selon l'histoire matrimoniale de leurs parents ne sont pas si importantes que cela : blessé par son entourage, l'enfant peut « décrocher » pendant un certain temps. Souvent, une régulation s'établit d'elle-même : cet enfant souffrant peut redoubler une année. Si l'école devait se montrer cohérente face à l'évolution de la famille contemporaine, il faudrait qu'elle opère un véritable desserrement dans la course scolaire, voire qu'elle change de forme pour se montrer plus conforme aux parcours individuels résultant des histoires de famille. Ainsi, l'enfant pourrait, à un moment donné, se voir reconnaître un arrêt – d'un an, par exemple – dans un système de course scolaire fonctionnant à l'année d'avance. Pour le moment, les conditions de concurrence scolaire s'étant durcies, prendre une année de retard revient à effacer toute probabilité d'entrer un jour dans une grande école…

*Une école plus conforme aux parcours individuels résultant des histoires de famille*

Donc, dans les conditions actuelles, une telle expérience briserait l'enfant dans son destin scolaire : qui est responsable ? Éventuellement la famille, mais tout autant l'école ! Le système scolaire rêve au fond d'une famille à l'ancienne, qui, elle, a changé, et qui même n'existe plus.

Ce malentendu entre famille et école peut, à l'occasion, revêtir des formes grotesques. Voici une anecdote, entendue en conseil de classe à propos d'un éventuel redoublement. Un professeur s'écrie : « Maintenant, vous vous rendez compte, même des parents analphabètes ont leur mot à dire sur leur enfant ! C'est inadmissible ! » C'est un discours d'expert, puisque les professeurs sont experts en matière de redoublement. Mais qui doit trancher la question essentielle : en redoublant, l'enfant va-t-il redémarrer ou s'enfoncer ?

Le dilemme se simplifie à l'extrême : le destin de l'enfant à l'école est-il uniquement un destin en tant qu'élève ? Si c'est le cas, l'avis des parents est en effet inutile ! Mais s'il s'agit d'un élève *et* d'un enfant, la contradiction avec ces logiques expertes montre encore le bout de son nez ! Il va de soi que, dès lors, la négociation s'impose, dans laquelle il est présomptueux d'affirmer que les parents sont totalement incompétents ! Ils peuvent même être incompétents dans le savoir tout en étant compétents dans le jugement qu'ils portent sur leur enfant et sur son épanouissement, son avenir. De cette contradiction entre plusieurs jugements, révélatrice de la tension entre famille et école, nous ne possédons ni les règles du jeu ni la clé du dénouement.

En fin de compte, c'est la question du statut de l'enfant qui est de nouveau posée. Deux instances gouvernent l'enfant : la famille et l'école ; mais qui fait le lien entre elles ? C'est l'enfant qui devrait le faire, mais il n'a toujours pas de statut pour cela.

Peut-être conviendrait-il aussi que chacune des institutions – la famille et l'école – assume une partie du travail effectué par l'autre. Une voie peut être ébauchée à travers cet exemple tiré de la scène idéale, mythique, dans les classes moyennes et moyennes-supérieures contemporaines : le père et le fils face à un ordinateur. Voici déjà un apprentissage de l'enfant par le père, une transmission des règles objectivées par la machine. Cette transmission est beaucoup plus efficace que tous les discours d'autorité et d'expérience, et ce n'est pas parce que le père n'édicte plus de règles à l'ancienne qu'il a disparu du paysage. Ainsi, face à l'écran, il injecte à nouveau de l'apprentissage à travers des règles auxquelles lui-même est soumis, mais aussi l'enfant. Ces apprentissages peuvent être également provoqués, entre autres, à travers le sport et la musique qui réclament tous deux une pratique très régulière.

## *Un compromis entre la famille et l'école*

Ainsi, ce qu'il faut repenser dans un « nouveau contrat » entre la famille et l'école, ce sont les nouvelles formes d'acquisition du savoir. Dans ces contextes, l'autorité traditionnelle du père peut bien disparaître, mais non, pour autant, son autorité « morale ». Cet apprentissage de l'autorité, dans la famille, peut s'effectuer par rapport à des contraintes objectivées, qui ne sont pas forcément les plus scolarisées, et qui ne seront donc pas perçues comme liées nécessairement au savoir scolaire.

Prenons l'exemple de la lecture. D'après l'enquête sur les jeunes et la lecture (François de Singly, *Les Jeunes et la lecture*, Les Dossiers Éducation et Formation, Ministère de l'Éducation nationale, n° 24, 1993), on sait que le « goût de lire » dépend surtout de la manière dont le jeune organise son temps, scolaire et libre. Les parents ont une influence, non pas par leur commandement, mais par l'exemple. Dès lors, la question essentielle est celle-ci : quel rapport les parents entretiennent-ils au temps ? Si les parents n'ont pas d'horaire quand ils rentrent chez eux (dans l'organisation de leurs loisirs et de leur vie familiale), les enfants penseront du même coup qu'il en va normalement ainsi... Dans les familles mobilisées autour de la lecture, cet apprentissage ne se noue pas forcément autour de contenus explicites d'autorité mais dans l'expérience vécue, chaque jour, qu'il y a un temps pour chaque chose, y compris pour la lecture. La lecture ne se pratique que si un temps – quelle que soit son amplitude – lui est dévolu, sans quoi il n'y a jamais de temps. Les enfants qui lisent sont, en fait, ceux qui cumulent le plus d'activités, toutes choses égales par ailleurs.

Il est inutile de donner des conseils aux familles, de les morigéner ou encore de souhaiter une famille qui ne divorcerait pas – il n'y aucune raison pour que le mouvement contemporain de recomposition des familles cesse. Le problème central réside beaucoup plus dans la structuration de l'enfant, structuration qui ne porte pas sur des critères moraux, mais sur ce qui, à l'intérieur et à l'extérieur de la famille, s'objective dans des règles de savoir et d'apprentissage.

*Sociologue, François de Singly est professeur à la faculté des sciences sociales de la Sorbonne (université René-Descartes - Paris-V), où il dirige le Centre de recherche en sociologie de la famille. Il travaille actuellement sur l'espace de la famille et sur les rapports entre changement familial et changement social. Il est notamment l'auteur de* Le Soi, le couple et la famille *(Nathan, Paris, 1995)* ; Fortune et infortune de la femme mariée : sociologie de la vie conjugale *(PUF, Paris, 1994)* ; Sociologie de la famille contemporaine *(Nathan, Paris, 1993). Il a également dirigé* La Famille, l'état des savoirs *(La Découverte, Paris, 1991).*

# Pour le savoir, contre la stratégie

**Bernard Charlot**

**Professeur de sciences de l'éducation,** *Bernard Charlot est un observateur privilégié de « l'école en banlieue ». Aujourd'hui, cette institution n'apparaît plus comme l'instrument d'acquisition de repères sur le sens de la vie mais comme celui de la seule insertion professionnelle. Entre l'espoir et le sacrifice, entre le savoir et la stratégie, la famille se débat.*



Avec l'école primaire gratuite, laïque et obligatoire, Jules Ferry et les républicains entendaient fonder un pacte social. Mais le mouvement populaire a d'abord résisté à cette école ; à la fois du fait de la tradition proudhonienne, encore forte dix ans après la Commune, pour laquelle la formation du jeune doit s'effectuer à l'atelier, et du fait, aussi, de la tradition marxiste naissante, pour laquelle ce n'est pas à l'État d'éduquer le peuple, mais bien au peuple d'« éduquer » en quelque sorte l'État... S'y ajoute d'ailleurs la résistance anarchiste, aux yeux de qui le maître d'école comme le curé ou le militaire ne servent qu'à l'embrigadement.

Il faudra attendre Jean Jaurès pour voir se nouer l'alliance entre l'école laïque et le mouvement populaire ; du coup, la bourgeoisie progressiste y gagne en disposant d'une institution susceptible de rallier à la République les familles populaires. Elle leur offre la dignité de citoyen contre l'influence, dans les campagnes, des notables et de l'Église et, dans les villes, du mouvement ouvrier, révolutionnaire ou syndical. L'école incarne, dès lors, un espace public ordonné à l'universel, à l'image de la France, porteuse d'universalité depuis les Lumières jusqu'à la République, en passant par la Révolution – sans pour autant que cela contredise, aux yeux de cette bourgeoisie, l'esprit d'une République patriotique, voire nationaliste. Cependant, une autre partie de cette bourgeoisie, qu'incarne un Adolphe Thiers qui préférait des inspecteurs aux instituteurs, se méfie des maîtres d'école, toujours un peu suspects de communisme ou de socialisme.
De son côté, le mouvement populaire y gagne en dignité, à travers l'affirmation d'un certain nombre de valeurs fortes, notamment celle du travail ; une frange de la classe populaire voit ainsi ses enfants accéder aux postes subalternes de l'appareil d'État : chemins de fer, Postes, enseignement… Une sorte d'alliance entre les classes s'instaure, avec un « rabotage » – dénoncé depuis – des différences culturelles, linguistiques, régionales, en échange de l'accès à l'universel.
Encore que, pour les classes populaires, l'universel importât moins que la dignité. « Les Barbares qui menacent la société ne sont point au Caucase ni dans les steppes de la Tatarie, ils sont dans les faubourgs

de nos villes manufacturières » Cette phrase du *Journal des Débats*, en 1832, traverse comme un leitmotiv tout le XIX^e^ siècle. Cette alliance, précaire, n'a donc pu durer qu'à la condition qu'il n'y eût pas de lien entre la *réalité* du travail et l'instruction donnée aux enfants (car, sur la réalité du travail, classes populaires et bourgeoisie s'affrontent). Car si le travail est affirmé comme valeur, l'école ne saurait servir d'outil à l'insertion professionnelle. L'école républicaine n'a dû, en fait, son existence qu'à ce clivage entre le travail réel et le travail comme valeur.

*L'école républicaine n'a dû, en fait, son existence qu'au clivage entre le travail réel et le travail comme valeur*

Pour autant, la bourgeoisie ne plaçait pas ses enfants dans les écoles primaires publiques, mais dans les « petites classes » des lycées ; il faudra attendre 1925 pour que le corps des enseignants des classes primaires des lycées soit unifié à celui de l'école primaire, et 1926 pour que les programmes de ces deux institutions soient alignés.

Enfin, une autre dissociation a cours : celle établie entre garçons et filles, qui ne fréquentaient pas les mêmes établissements.

L'école républicaine n'a ainsi pu fonctionner qu'à ces conditions-là, dans son premier grand bond en avant, qui va de François Guizot à Jules Ferry.

Or ces conditions vont tomber avec le deuxième grand bond en avant de l'école française, dans les années 60-70 de notre siècle, avec les collèges. Puis, au cours du troisième bond, qui se déroule sous nos yeux, avec l'explosion des lycées et de l'enseignement supérieur. À partir des années 60, en effet, presque tous les enfants peuvent entrer dans l'enseignement secondaire.

Première conséquence : la sélection, qui jadis s'effectuait *avant* l'entrée dans le secondaire, s'instaure désormais *pendant* ce cycle. Cette nouvelle donne change profondément les rapports des familles à l'école, qui se tendent parce que la question sociale est désormais étroitement liée à la question pédagogique. De leur côté, les enseignants n'en sont pas moins déstabilisés, et ils ont de plus en plus de mal à se tenir pour porteurs de l'« école du peuple », puisqu'ils constatent, tout comme la sociologie des années 60-70, que dans cette école… c'est le peuple qui se trouve mis en échec plus souvent que les classes moyennes.

En second lieu, à partir de ces mêmes années 60, l'enseignement professionnel connaît une véritable « scolarisation », inévitable dès lors que, selon les motifs mêmes de la réforme Berthoin de 1959, on fait entrer tous les jeunes dans l'enseignement secondaire et que se substitue à la politique de *sélection* une politique de *répartition* entre filières : une frange de ces jeunes est donc envoyée vers l'enseignement technique et professionnel – d'autant que les Trente Glorieuses alimentent un besoin plus important de qualification. Ce phénomène est fondamental : pour avoir un bon métier, puis, avec la crise économique, pour simplement obtenir un emploi, on dépend désormais de plus en plus étroitement de l'école. S'y ajoutent un certain nombre de transformations sociales significatives, notamment la diminution des « métiers à patrimoine » – artisans, agriculteurs, etc., tous métiers pour lesquels on pouvait encore se passer de l'école. (C'est si vrai qu'aujourd'hui un agriculteur, pour obtenir un

prêt bancaire, doit présenter un diplôme d'école...)
Les familles se voient donc de plus en plus dépendantes de l'école, non pas pour la socialisation, qui était au fondement de l'école républicaine, mais en vue de l'insertion professionnelle. Désormais, le « tout-professionnel » règne, avec une complicité, implicite, et même de plus en plus explicite, entre la pression sociale et l'école. Cette dernière n'apparaît plus comme l'instrument d'acquisition de repères sur le sens de la vie, du rapport aux autres, du « vivre en commun », du plaisir d'apprendre, de plus en plus occulté – surtout dans les classes populaires – mais comme la clé pour avoir un bon métier, puis un métier tout court.

Cette tension s'est d'ailleurs durcie avec la crise et avec la restructuration de ce qu'il faut bien nommer l'économie capitaliste. Cela pourrait se traduire de la manière suivante.

Premièrement, cette école, qui était un droit, est devenue une obligation. Ce droit, perçu comme une conquête progressive, d'entrer dans le secondaire, de passer le CAP ou le baccalauréat, de s'« élever dans la société », est devenu de plus en plus une obligation, voire, pour certaines familles, une malédiction. Épreuve que les parents vivent eux-mêmes dans les entreprises : alors que la loi sur la formation permanente de 1971 pouvait être perçue comme une conquête, de nombreux travailleurs considèrent aujourd'hui l'envoi en formation comme une menace de licenciement.

Deuxièmement, l'école oblige à des sacrifices, en échange de promesses de bénéfices ultérieurs de plus en plus hypothétiques. Certains jeunes, parmi les meilleurs, se voient donc acculés à ce choix : avoir une jeunesse ou être un très bon élève...

Hier, il s'agissait de « monter » ; aujourd'hui, il importe de survivre. Les sacrifices sont énormes : de temps (les horaires sont parfois démentiels), mais aussi d'appartenance à la communauté juvénile, de lien avec les copains. Notamment dans les banlieues difficiles, où l'on voit bien comment les élèves doivent choisir entre être du côté de l'école (les « bouffons ») et se montrer solidaires des copains.

Plus on scolarise les couches populaires, plus les sacrifices qui leur sont demandés sont grands ; à rebours, plus la société a de mal à tenir les promesses implicites ou explicites qu'elle prodigue aux jeunes en cas de réussite scolaire, au point que même les enfants des classes moyennes commencent à se sentir menacés.

Naguère, dans les classes populaires, le processus scolaire était toujours accompagné d'une espérance de promotion socioprofessionnelle, mais, avec la crise, au mieux peut-on escompter un maintien de la position sociale, au pis, une régression. Nous sommes désormais jetés au cœur d'une tourmente d'espoirs déçus qui risque de bousculer le rapport des familles à l'école.

Au cours de la recherche que je mène actuellement dans les lycées professionnels de banlieue, chez les jeunes – et ce doit être la même chose chez les parents –, je constate que le chômage suscite des comportements à la fois de *démobilisation* et de *surmobilisation.*

*Démobilisation.* Quand les jeunes disent : « À quoi bon avoir un BEP ou un bac ? De toute façon, on n'aura pas de travail... » Mais *surmobilisation.*

Processus plus fort que le précédent, parce que les mêmes ajoutent : « Si vous me parlez d'un BEP, ça ne vaut plus rien, donc il me faut un bac et, si vous me parlez d'un bac, c'est pas beaucoup mieux, donc il me faut un BTS ! »

Et, du même coup, si une menace quelconque pèse sur le niveau bac + 2, comme ce fut le cas sous Édouard Balladur avec le CIP, si même cela n'offre au mieux que le SMIC, alors, les réactions explosent...

Si l'on regarde l'autre versant de la société, du côté des classes moyennes, on peut dire que l'école a fonctionné, depuis les années 60, à leur bénéfice parce que s'ouvraient de nouveaux espaces sociaux et professionnels qu'elle permettait d'atteindre. Cela reste vrai, même si naguère ce bénéfice s'obtenait plutôt par héritage (*cf.* Pierre Bourdieu), alors qu'aujourd'hui il suppose un travail – et de la part des familles, et de la part des enfants. Cette évolution exige des stratégies sur les filières, sur les choix des établissements, sur les activités extra-scolaires des enfants, qui conduisent à une sorte de « scolarisation » et de « pédagogisation » généralisées de l'existence des enfants : piano, danse, sport – tout peut contribuer à améliorer la performance proprement scolaire.

*Certains « craquent » à cause du surinvestissement scolaire des parents*

Du coup, de nouvelles tensions et angoisses apparaissent au sein des familles : c'est ainsi qu'être enfant d'enseignant n'est pas une sinécure... Des formes d'angoisse surgissent chez les élèves, dont certains « craquent » à cause du surinvestissement scolaire des parents.

En fait, les frontières entre le scolaire et le non-scolaire sont devenues beaucoup plus floues. Que ce

soit en matière d'aide aux devoirs ou en matière d'alternance (cursus associant cours théoriques et stages en entreprise), on s'aperçoit de plus en plus que, pour réussir à l'école, il faut *autre chose* que l'école. Les conséquences sur les familles en sont tangibles, même si elles ne sont pas simples à éclairer. D'une certaine façon, l'école est « délégitimée », puisqu'elle ne suffit plus, à elle seule, pour réussir. Mais, d'un autre côté, on assiste à une « pédagogisation » plus large de l'espace social. Jusqu'aux vacances qui doivent être « utiles », avec leur cortège de thésaurisation culturelle, linguistique, historique, etc.
De même, quand on expédie en vacances des jeunes des quartiers « en difficulté » (afin qu'ils laissent un peu de répit à leurs cités...), on leur demande de présenter des « projets » pédagogiques, alors que nos enfants n'ont d'autre projet, selon leur âge, que de bâtir des châteaux de sable ou de draguer sur la plage...
Si l'on veut aujourd'hui refonder l'école, comme Jules Ferry l'a fait en son temps, je crois qu'il faudrait ramener au centre de la question de l'école le *savoir* et partir du fait qu'il existe des formes différentes de rapport au savoir. Certes, il existe encore des jeunes pour qui apprendre, c'est avoir une activité intellectuelle permettant d'acquérir des savoirs et des compétences. Il y en a aussi (des filles plus souvent que des garçons) pour qui apprendre, c'est connaître la vie et comprendre les gens, se faire sa propre opinion et en discuter avec les autres, donner du sens à sa vie. Mais pour beaucoup, apprendre, c'est savoir se débrouiller dans n'importe quelle situation : l'école est, dès lors,

comme la rue, la cité, la famille, où tout est permis pour s'en sortir – y compris la triche : l'important est de passer ! Aux yeux de ceux-là, ceux qui travaillent beaucoup à l'école sont des « bouffons », des collabos, des briseurs de cadence. Pour eux, le savoir doit toujours être utile pour « plus tard », pour le métier, et la poésie ou la philosophie ne peuvent et ne doivent servir qu'à ceux qui, « plus tard », seront poètes ou philosophes de métier...

Pour beaucoup de jeunes, le travail scolaire s'apparente au travail professionnel : il ne s'évalue pas en termes d'épanouissement intellectuel mais de temps qui lui est consacré (le nez dans les livres...), voire sacrifié. L'efficacité de ce temps peut se révéler très relative...

Pour beaucoup aussi, dans l'apprentissage scolaire, le personnage actif, c'est le professeur : « L'école m'a appris, le prof m'a enseigné... » Ou plus souvent : « On ne m'a pas appris. » « Si je ne réussis pas, quelqu'un a mal fait son métier, c'est le prof, l'école. Si je galère, c'est la faute à quelqu'un d'autre que moi. » Et certains reviennent le dire, la nuit, en vandalisant l'école.

Dans mon équipe, nous sommes frappés par le fait que certains élèves, dans le primaire, nous disent qu'ils écoutent *la maîtresse*, d'autres, *la leçon*. Les enfants en difficulté sont plutôt dans le premier cas, ceux qui réussissent, dans le second. Tout cela se prépare évidemment dans les pratiques, en particulier langagières, quotidiennes de la famille. Un fossé sépare ceux qui attribuent du sens et de la valeur aux objets de savoir et ceux qui, bon an mal an, s'efforcent surtout de « passer », de survivre dans l'école, en grappillant de-ci de- là quelques savoirs dont ils espèrent qu'au moins ils leur serviront plus tard. Le plus inquiétant est qu'il semble bien que l'école, loin de compenser les différences, les creuse.

Cette question du rapport au savoir est aujourd'hui importante dans notre société. Notre vie quotidienne implique de nouveaux savoirs, la maîtrise de codes, ou en tout cas de modes de pensée formelle, de plus en plus nombreux – qu'on songe au simple achat d'un billet de train face aux démoniaques machines informatisées... Là où existaient jadis des pratiques quotidiennes et professionnelles clairement distinctes du savoir scolaire, la frontière aujourd'hui est beaucoup moins nette.

De la même manière, d'ailleurs, le travail s'est vu peu à peu « déréalisé », dès lors que l'on se trouve désormais, dans de plus en plus de métiers, face à un ordinateur, dans l'anonymat des flux électroniques.

De même, dans un certain nombre de professions, y compris dans le monde ouvrier, les dimensions de la relation et de la communication, hier secondaires, sont désormais déterminantes – par exemple au sein d'équipes travaillant sur des sites complexes. Du même coup, se trouvent prendre un sens professionnel des « qualités » passant d'habitude pour personnelles, et la notion de « qualification sociale », naguère utilisée pour les seuls cadres, est désormais en usage à des niveaux subalternes d'exécution. Le technicien idéal serait ainsi capitaine d'une équipe de rugby, militant d'une association de parents d'élèves ou militant syndical (mais pas dans n'importe quelle organisation, bien sûr...).

Pour comprendre la situation actuelle, il faut également se rappeler que, depuis la loi de 1983 sur la décentralisation, l'école est de plus en plus pensée en termes de *proximité*. Avant même cette loi, la première véritable atteinte officielle au mythe de l'école républicaine, ce sont les zones d'éducation prioritaires (ZEP), qui introduisent une discrimination – positive, il est vrai – dans le système scolaire républicain. Autre brèche contemporaine dans l'« école républicaine » : l'irruption des médiateurs, soldats du contingent et autres « grands frères ».

*Entre la reconnaissance nécessaire de l'hétérogénéité et le souci de l'universel*

Traditionnellement, les enseignants français se tiennent, dans leur identité professionnelle, pour des gens de l'universel – dans le primaire, l'universel est enraciné sur un certain nombre de grandes valeurs ; dans le secondaire, il est greffé sur les disciplines et le savoir. Or, à ces femmes et à ces hommes qui se pensent du côté de l'*universel*, on a demandé, au début des années 80, de gérer l'*hétérogénéité* des élèves. Ils se voient pris, du coup, entre cette reconnaissance – nécessaire – de l'hétérogénéité et leur souci de l'universel.

Il y a là une grande fracture, car l'école républicaine s'est construite *contre* le « local » ; contre l'influence des notables, du particularisme, dans la lignée de Jean-Jacques Rousseau, qui dit que l'intérêt général n'est pas la somme des intérêts particuliers mais ce qui est commun à l'ensemble des intérêts particuliers.

Or, désormais, les enseignants sont invités à prendre en compte ces particularités des milieux populaires et se voient pris dans cette contrainte forte. Même s'il est vrai que le « local » peut aider l'école, le mythe de l'école républicaine s'en voit d'autant ébréché. Avec cet effet pervers supplémentaire : si, en principe, les objectifs sont les mêmes pour tous les enfants et si les moyens sont adaptés selon leur situation particulière, en fait, ce sont les objectifs mêmes qui sont redéfinis en fonction des enfants. Apparaît là une segmentation du système scolaire qui ne laisse pas d'être inquiétante. « Avec ces enfants-là… », entend-on : quand les enseignants parlent ainsi, ils se préparent souvent à faire ce dont ils ne voudraient pas pour leurs propres enfants – cela, avec les meilleures intentions du monde. Dans ce climat de crise, de chômage, de difficulté réelle du métier, les enseignants invoquent souvent la « démission » des parents. Or il n'y a pas de démission des parents de familles populaires, cela, il faut l'affirmer avec force ! Certains, il est vrai, sont dépassés ; tout comme, d'ailleurs, certains enseignants, face aux jeunes, se sentent dépassés. Nous sommes là dans l'ordre de la souffrance, de l'impuissance, pas de la « démission ».

Au contraire, à l'exception, peut-être, du « quart-monde » ou, parfois, de « gens du voyage », les milieux populaires expriment une forte demande à l'égard de l'école, et notamment les migrants. Et, parmi eux, ceux d'origine maghrébine.

Pour ces derniers, la réussite scolaire représente l'équivalent, pour la deuxième ou la troisième génération, de ce que fut la migration pour la première. Les parents ont quitté l'autre rive de la Méditerranée, avec un projet : changer leur vie. Avec leurs enfants, le même projet se perpétue et s'élargit : changer la vie de leurs enfants mais, cette fois, à travers la réussite scolaire. De ce fait, s'instaurent des relations assez complexes entre parents et enfants, notamment un processus de « continuité dans l'hétérogénéité » (ou l'inverse...). Afin que les enfants continuent l'histoire de leurs parents, ceux-ci doivent accepter que leurs enfants soient autres qu'eux-mêmes, qu'ils agissent autrement, y compris selon d'autres valeurs, afin de réussir à l'école. Des compromis sont donc nécessaires, qui ne sont pas négociés tout à fait de la même façon du côté des mères et du côté des pères ; et les sentiments sont ambivalents : à la fois fierté et souffrance. Fierté que l'enfant réussisse ; souffrance parce que, afin de réussir, il doit être si différent de ce que sont les parents. « Sois comme moi... et ne sois pas comme moi ! » D'où des conflits intérieurs que personne ne peut éviter – un peu comme ces jeunes filles qui expliquent qu'elles mentent à leurs parents, mais par respect pour eux, parce que ces derniers ne comprendraient pas certaines conduites, qui n'ont pourtant rien de scandaleux... Dans ces familles, chacun, comme l'a montré Jean-Yves Rochex, doit autoriser l'autre à être différent, et s'autoriser soi-même à être différent. Telle Malika disant de sa mère : « Ma mère est analphabète, mais elle m'a appris beaucoup de choses... ». En revanche, Karim, disant de son père éboueur : « Mon père est un homme cultivé sans culture... », n'y parvient pas. Les garçons maghrébins qui rencontrent le plus de difficultés scolaires sont ceux qui ne peuvent, en quelque sorte, réussir à l'école qu'en reniant leurs parents, et non pas en les dépassant sur la même lignée. Être un « transfuge » n'a jamais été une position confortable.

Si un enfant se construit *contre* ses parents, c'est en un double sens, comme l'explique aussi Jean-Yves Rochex : il ne peut *s'opposer* à eux qu'en prenant *appui* sur les images parentales. Si ces dernières sont trop fragiles, l'adolescent ne parvient pas à maîtriser ces phénomènes de définition de soi, d'affirmation de soi, qui lui permettent de s'« individuer » et, en même temps, de ne pas renier sa famille.

Aujourd'hui, on prétend à l'envi que les jeunes maghrébins ont du mal à s'intégrer à cause de l'islam ; dans les années 30, on alléguait que les Polonais et les Italiens ne pourraient jamais s'intégrer parce qu'ils étaient trop… catholiques ! Les jeunes maghrébins, en fait, me rappellent les jeunes français des années 50-60 qui s'en remettaient à l'école pour réussir – selon la belle expression de Jean-Pierre Terrail : ils doivent « s'enfermer pour s'en sortir ».

Quant aux jeunes portugais et aux jeunes asiatiques, ils ont en commun d'être insérés dans des réseaux et de bénéficier, dans une certaine mesure, de quelque indépendance à l'égard de l'institution scolaire. Mais les jeunes asiatiques sont soumis à une forte exigence d'excellence, tandis que les jeunes portugais expriment souvent une opposition entre l'école et « la vraie vie ». Ces derniers en effet, les garçons en particulier, doivent répondre à une attente de qualification professionnelle de la part de leurs parents. Avoir un bon métier, pour les Portugais, permet à la fois de s'insérer dans la société française et de bénéficier de meilleures perspectives de retour dans la patrie d'origine. D'où ce paradoxe : les jeunes portugais sont davantage en échec scolaire que les jeunes maghrébins, mais beaucoup moins touchés par le chômage. Pour autant, on ne saurait nier l'émergence d'un processus d'« ethnicisation » paradoxale dans les banlieues. La notion la plus étonnante, en l'occurrence, est celle de *Black*. Elle n'a pas de réalité culturelle « d'origine » : ceux qui s'en réclament appartiennent à des cultures africaines très différentes ou sont antillais. Mais elle a une réalité sociale : on est *Black* dans le regard de l'autre. Ce sont des processus de même type qui induisent un retour vers des valeurs traditionnelles, religieuses.

*Aujourd'hui, l'intégration, c'est d'abord l'insertion professionnelle*

L'école républicaine avait assuré une *intégration politico-culturelle* : le nouvel arrivé était intégré à la société française grâce au partage d'un certain nombre de valeurs inculquées par l'école, mais aussi par l'armée, le parti, le syndicat – et ainsi pouvait-on être chômeur *et* demeurer un citoyen français intégré. Ce modèle n'est plus dominant ; ce qui signifie aujourd'hui l'intégration dans la société française, c'est *d'abord* l'insertion professionnelle. À partir du moment où des jeunes d'origine maghrébine, mais aussi d'origine africaine, ne trouvent pas leur place dans la vie professionnelle, l'intégration ne se fait plus. Il faut ajouter que la mission principale assignée à l'école étant aujourd'hui celle de l'insertion professionnelle, du même coup, la question du *sens* est occultée : sens du vivre-ensemble, sens de la vie. Il y a quelques années, au cours d'un débat public, une jeune lycéenne nous avait interpellés ainsi : « Vous, la génération de 68, vous avez appris à écouter les jeunes. Mais il y a un problème : vous n'avez plus rien à leur dire ! » Qu'est-ce que nous leur disons, en effet ? Pourquoi cela vaut-il la peine de vivre ? Pourquoi cela vaut-il la peine de réussir à l'école ? Bosser pour avoir un métier plus tard ? Mais quel *sens* donnons-nous à cela ?

Les grandes symboliques, les grands imaginaires sociaux se sont effondrés ; nous en sommes à bricoler du sens individuel. L'école n'y échappe pas. Dans ce contexte troublé, il existe des gens qui se présentent comme porteurs de sens, alors qu'ils n'expriment que le retour du refoulé : Le Pen, les nationalismes, les intégrismes prétendent délivrer du sens clés en main, un sens qui se construit dans l'exclusion de l'autre. Il n'est pas étonnant que l'on assiste à un retour en force de la religion, et pas seulement de l'islam. La religion offre des repères, mais aussi des garde-fous (contre la drogue, par exemple). Rien à redire à cela, sauf si cet engagement religieux va de pair avec l'exclusion de l'autre.

Cependant, au-delà des péripéties identitaires ou particularistes, dans leur attente à l'égard de l'école, la grande majorité des familles populaires fait jouer encore assez fortement la distinction entre *instruction* et *éducation*. Ce qui relève de l'école, à leurs yeux, c'est avant tout l'instruction, pour laquelle elles ne se reconnaissent pas de compétences et acceptent donc de faire confiance aux enseignants. En revanche, elles considèrent que la socialisation de leurs enfants relève d'abord de la famille, même si elles attendent un appui de l'école, notamment en matière d'autorité. Les familles prennent en charge la santé physique et mentale des enfants, leur bonne forme, un bon comportement (être « bien élevé »...), prennent sur elles d'enjoindre à leurs enfants de bien travailler, essaient de les aider à faire leurs devoirs à la maison (mais, en cas d'impossibilité, l'aide aux devoirs est souhaitée). Aux enseignants d'assumer l'instruction, le contrôle des connaissances, la sanction des comportements. Dans ces familles, notons d'ailleurs qu'en matière scolaire, le personnage central est souvent la grande sœur, qu'elle ait elle-même réussi à l'école ou non.

Il conviendrait de relever aussi que les parents ne sont pas toujours porteurs des valeurs que l'on croit. Ainsi de ce Malien, forgeron dans son pays (métier revêtant là-bas une grande valeur religieuse) et OS en France ; lorsqu'il parle à ses enfants, ce n'est pas en tant qu'OS mais en tant que forgeron. Les valeurs traditionnelles dont il est porteur aident l'enfant à se structurer et à affronter une école qui, elle, n'en relève pas.

D'une façon plus générale, le rapport au savoir des adultes, qu'ils soient parents ou enseignants, contribue à structurer le rapport des enfants au savoir. Certains parents présentent l'école à leurs enfants selon les bénéfices, voire les plaisirs, que ceux-ci vont y trouver ; d'autres, qui ont connu des expériences scolaires douloureuses, la décrivent en termes de renoncement, de rupture et tendent à exagérer les obstacles, au point de les décrire en termes d'abîmes infranchissables. Ce dernier modèle est assez proche de celui des familles populaires, pour lesquelles, de toute façon, dans leur propre

vie, il faut travailler, et pour qui travailler, c'est dur… Autrefois, comme le note Dominique Glasman, les enseignants recevaient des enfants déjà préparés, par leurs parents, à être des élèves ; aujourd'hui, ce travail de préparation échoit aux enseignants. Cela explique, à certains égards, pourquoi les enseignants parlent de « démission » des parents. Parce qu'en quelque sorte on leur envoie du « matériau brut » et non plus des « produits semi-finis » comme jadis.
Qui est « coupable », qui est « responsable » de cette situation ? C'est une erreur de raisonner en termes de culpabilité : il existe un ensemble de processus qui s'articulent les uns aux autres. Les uns sont construits dans la famille, les autres dans l'école, et le résultat dépend de l'articulation de l'ensemble. Ce qui se passe dans la famille produit ses effets *en fonction* de ce qui se passe à l'école ; ce qui se passe à l'école produit ses effets *en fonction* de ce qui se vit dans la famille. Cette articulation est si étroite qu'il est vain d'essayer de séparer les processus afin de désigner des responsables. Il y a des choses qui se passent au sein des familles qui n'empêcheront jamais certains enfants de réussir à l'école. Et, à l'inverse, il y a des choses qui se passent à l'école qui n'empêcheront jamais certains enfants de réussir, compte tenu de ce qui se passe dans leurs familles…

*Bernard Charlot est agrégé de philosophie, docteur ès lettres et sciences humaines, professeur de sciences de l'éducation à l'université Saint-Denis - Paris-VIII. Il travaille actuellement, au sein de l'équipe de recherche ESCOL (qu'il a fon-*

*dée), sur le rapport des élèves de lycée professionnel à l'école et au savoir. Il s'intéresse, plus généralement, à « l'école en banlieue » et aux rapports entre l'école et le territoire.*

*Il est l'auteur de* La Mystification pédagogique, *Payot, 1976 (traduit au Brésil, en Espagne et en Italie ; réédité en poche) ;* L'École aux enchères, *Payot, 1979 (en collaboration avec M. Figeat, chercheur à l'INRP) ;* Histoire de la formation des ouvriers, 1789-1984, *Minerve, 1985 (en collaboration avec M. Figeat) ;* L'École en mutation, *Payot, 1987 (traduit en Grèce) ;* Faire des mathématiques : le plaisir du sens, *Armand Colin, 1991 (en collaboration avec R. Bkouche et N. Rouche) ;* École et savoir dans les banlieues... et ailleurs, *Armand Colin, 1992 (en collaboration avec E. Bautier et J.-Y. Rochex) ;* L'École et le territoire : nouveaux espaces, nouveaux enjeux *(ouvrage collectif coordonné par B. Charlot), Armand Colin, 1994 ;* La Construction des politiques d'éducation et de formation *(sous la direction de B. Charlot et de J. Beillerot), PUF, 1995 ;* Les Sciences de l'éducation, un enjeu, un défi, *ESF, 1995.*

# Vers un nouveau contrat parents-enseignants ?

**Philippe Meirieu**

**Pédagogue,** *Philippe Meirieu s'interroge sur le rôle que pourraient jouer les parents, accusés à l'excès de démission ou d'interventionnisme. Il analyse l'attitude des parents qui se comportent en consommateurs face à l'institution. Il pense nécessaire de réinventer un nouveau contrat dans lequel un décalage de rôles entre l'école et la famille serait accepté.*



Il n'existe pas d'autre pays que la France qui ait construit son système scolaire, à ce point, *contre* le système familial. Avant même la Révolution, Turgot, ministre de Louis XVI, préfigure, dans un mémoire de 1782, ce mouvement puissant qui trouvera son apogée avec Jules Ferry et pour lequel « seul l'État a le droit d'éduquer ». Car, dans la tradition française, l'État, c'est la raison, et la famille, la superstition ; l'État, c'est la science, et la famille, la religion ; l'État, c'est la langue nationale, et la famille, le patois ; l'État, c'est l'égalité des chances, et la famille, l'hérédité des privilèges. Donc l'État, dans sa prétention à l'universel, a seul le droit à dispenser une éducation ;

l'arrachement de l'enfant à sa famille est ainsi tenu pour une libération des entraves du local – ce local toujours suspecté d'enfermer l'enfant dans ses racines, dans le patois et les inégalités, suspecté de le séparer des autres. L'école a ainsi pour vocation de réunir les enfants les uns aux autres en les détachant de familles perçues comme toujours renfermées sur elles-mêmes. Ainsi Jules Ferry contribue-t-il au développement, au sein des instituteurs, d'une idéologie antifamiliale puissante, comme en témoigne, entre bien des exemples, ce chant, *Fiat lux !*, d'un congrès d'instituteurs de Paris réunis en 1872 sous cette devise, « Dieu, Humanité, Patrie », et proclamant :

> « Peuple, à cette lumière sainte,
> Marchez dans une même étreinte,
> Les yeux levés, l'âme sans crainte,
> Marchez, marchez vers la Science et vers Dieu ! »

Et, dans leur résolution finale, ces instituteurs vilipendent les familles qui « idolâtrent leur progéniture, dont les caprices font la loi, en la soutenant, avec violence ou lâcheté, contre l'école... »
Le conflit famille-école est ainsi institué en même temps que l'école, voire théorisé, comme s'y emploie, entre autres, le philosophe Alain qui affirme sans ambages que l'école est faite pour « libérer les enfants de l'amour de leurs parents » et les faire accéder à la rationalité.
En fait, la France est la seule nation européenne à s'être vraiment construite sur l'école. Cela dit, Jules Ferry n'était pas exempt d'arrière-pensées revanchardes, coloniales et politiques, lors même que le patronat

comme l'Église se prononcèrent contre sa loi d'instruction obligatoire (ce qui ruine l'hypothèse selon laquelle le mot d'ordre « lire, écrire, compter » ne représenterait qu'une nécessité économique...). Jules Ferry, en l'occurrence, s'est appuyé sur les protestants et les francs-maçons contre l'Église catholique et le patronat. L'Église, parce que traditionnellement opposée au recours direct au peuple et aux textes ; le patronat, parce que ne voyant que superfluité dans le savoir dispensé à une main-d'œuvre affectée en majorité à des tâches ne requérant ni lecture ni écriture. Les lois laïques de l'instruction étaient avant tout nationalistes : sur les décombres d'une multitude de communautés possédant leurs langues, leurs croyances, leurs idéologies, leurs sentiments identitaires, pouvait s'ériger un État national.

*Les lois laïques de l'instruction étaient avant tout nationalistes*

Dans l'élaboration de cette idéologie nationale (dans un pays qui ne cesse, depuis la Révolution, de balancer entre monarchie et république, entre ses appartenances à ses réseaux anciens et son adhésion à la nation), le fameux manuel du *Tour de France par deux enfants* jouera un rôle considérable sur le plan moral et politique, permettant l'émergence du sentiment de l'unité nationale et d'appartenance à la France.

Dans cette stratégie, l'internat incarne la manifestation concrète de l'arrachement de l'enfant à sa famille, et plus encore les écoles normales, qui sont autant de monastères laïques où sont trempés l'âme et l'esprit des futurs « hussards noirs de la République », formés à éradiquer tout ce qui peut être spécifique, local, familial, communautaire, afin de faire accéder les enfants à l'universel.

Cependant, cet universel, qui se construit à travers l'école, « machine de guerre contre la famille », contre « la confiture affective » de la famille (Alain encore), n'est jamais que celui de la bourgeoisie et l'arme d'un État lancé dans les guerres coloniales et, bientôt, dans la Grande Guerre. L'universel, c'est celui du Petit Père Combes ; et la formule « nos ancêtres, les Gaulois » caractérise bien cet universel très français... Dans ces écoles laïques, une morale républicaine est dispensée à travers les manuels, morale dans laquelle se mêlent nationalisme, spiritualisme (celui, peu contraignant, de Victor Cousin, plaçant l'esprit au-dessus de la matière), solidarité maçonnique et christianisme revu et édulcoré par le protestantisme libéral.

Dans le même temps, l'école catholique, qui subsiste et résiste, a, elle aussi, pour projet d'arracher l'enfant à sa famille.

Car, au fond, le système scolaire, quelle que soit son obédience, ne se présente pas, en France, et dès ses origines, comme un *service* mais comme une *institution*. Non comme un service, en effet, dont le bien-fondé serait la satisfaction immédiate des usagers, mais comme une institution qui se veut porteuse de valeurs qui dépassent la satisfaction de ses usagers, parents ou élèves. Ces valeurs peuvent se contredire entre école laïque et école catholique, mais, dans les deux cas, elles dépassent ceux qui y ont recours. Ces deux systèmes éducatifs, quoique concurrents, se veulent tous deux dans un rapport de *transcendance* et de sevrage violent à l'égard des familles.

À partir de cette histoire fondatrice, deux attitudes se font jour désormais parmi ceux qui réfléchissent sur l'institution scolaire : la première exalte la nostalgie de ce passé et voit en l'école une institution à restaurer ; la seconde cède à la pression du présent et la considère comme un service à utiliser.

La première voit en l'École l'incarnation de la République, la garantie de l'unité nationale, l'accès à l'universalité, et considère que, lorsque l'enfant pénètre dans la classe, il devient une raison qui s'expose à une autre Raison qui s'impose à lui (« Ô, toi qui entres ici, abandonne ta culture, tes problèmes, ta famille, et laisse tout cela au portemanteau... »). C'est la mythologie chère à Anatole France contemplant le fils de bourgeois et le fils de paysan se dépouillant de leurs vêtements particuliers et revêtant la commune blouse comme une aube mystique et, avant d'entrer en classe, sous la pluie, entonnant *La Marseillaise* ! Et Anatole France a ce mot extraordinaire : à ce moment-là, dit-il, « ils sont purgés de tout particularisme » et se font réceptacles purement rationnels. « Ici, enfant, tu n'es que Raison, et ta Raison écoute la Raison et dialogue avec la Raison ! » Cette école-là a réussi, avec ses vraies hypocrisies et ses menues grandeurs.

La nostalgie de cette pédagogie qui *décrétait* la raison se heurte, aujourd'hui, à un certain nombre de réalités sociales. D'abord, la France n'est plus dans une phase de construction identitaire de l'État-nation ; les dangers extérieurs qui la menaçaient n'existent plus guère. Nous sommes plutôt à la recherche d'un modèle d'intégration. Sans doute parce que le « droit à la différence » est passé par là.

Pendant longtemps, en effet, il a été absolument nécessaire de construire une identité et de réunir les Français sur une ressemblance fondatrice : que l'on soit blanc ou noir, gros ou maigre, fils de notaire ou fils de boulanger, nous participons tous de la même appartenance. Ce fut un moment essentiel de notre histoire. Mais il est un autre moment non moins essentiel dans lequel la ressemblance absolue est devenue l'instinct grégaire et ce que l'on a vu dans les lâchetés et les atrocités de la Seconde Guerre mondiale : le groupe fusionnel, dans lequel la perte des identités et des différences est le contrepoint de l'appartenance groupale. Je suis étonné que les « républicains » dogmatiques d'aujourd'hui qui exaltent le pouvoir unificateur de l'école ne remarquent pas que, d'une certaine manière, la France de Vichy et de Pétain avec ses rassemblements mystiques autour du chef peut apparaître comme un accomplissement de leur projet. Nous savons, tant à travers l'histoire qu'à travers les utopies de science-fiction les plus terribles, comme *1984* de George Orwell, combien le projet d'un contrôle absolu de l'État sur l'éducation est gros de totalitarisme.

D'autre part, l'universel abstrait, la rationalité se sont révélés sous leur vrai visage : comme un instrument au service d'une classe sociale bien précise et d'un certain nombre d'États dans le monde. L'universel de Victor Cousin et de l'école républicaine n'est plus applicable à l'ancienne, d'une manière colonialiste. La phase de construction de l'État-nation est derrière nous ; nous avons découvert, depuis, la richesse de la différence au sein même d'un droit à la ressemblance.

Une seconde attitude, opposée et plus contemporaine, voit en l'école un simple « service » dans un contexte où nous subissons de plein fouet une pression considérable due à la montée de la logique libérale, à la crise économique et à une série de phénomènes internationaux. Cette pression produit ce que j'appelle volontiers « le retour des parents », qui, si l'on en croit Philippe Ariès (*L'Enfant et la vie familiale sous l'Ancien Régime*, Plon, 1960), ont fondé l'école comme leur bras séculier, tout en étant eux-mêmes exclus de celle-ci afin que l'État puisse s'approprier l'enfant... D'ailleurs, ce retour des parents, ceux qui l'ont anticipé le plus, ce sont les professeurs, dès lors qu'il s'agissait de leurs propres enfants. Mais il gagne aujourd'hui toutes les couches de la population, et pas seulement les plus élevées : les parents demandent désormais « à voir » de près ce qui se passe à l'école, parfois avec l'appui des travailleurs sociaux... Jusqu'à il y a quinze, vingt ans, en effet, jamais aucun parent ne se serait permis d'intervenir sur les méthodes et les choix de l'instituteur. On lui faisait confiance : Paul Valéry écrit, dans un discours de remise des prix, que « entreprendre ses études, c'était, en quelque sorte, prendre un train qui menait quelque part (sauf accidents) »...

*Le « retour des parents » gagne toutes les couches de la population*

Aujourd'hui émerge une sorte d'interventionnisme systématique... L'école devient un *service*, auquel on doit s'adresser pour avoir les meilleurs résultats, les meilleures méthodes, les meilleures conditions de travail. Tandis que l'ancienne justification de l'École-*institution* apparaît de moins en moins visible aux parents. Par ailleurs, aujourd'hui, le nombre de parents dont le niveau d'études est au moins égal à celui des enseignants est bien plus important qu'il y a vingt ou trente ans. Et le nombre de parents qui gagnent plus d'argent que les enseignants, y compris à niveau d'études inférieur, est très supérieur à ce qu'il était il y a quelques années. L'enseignant est donc en passe, sinon d'être vassalisé par les parents, du moins d'éprouver l'inquiétude permanente de l'être.

S'ajoute à cela une logique « libérale » qu'on perçoit chez les parents – comme dans les entreprises et les régions – et dont ils ne voient pas toujours qu'elle peut jouer contre eux. À l'école, l'un des phénomènes qui ont le plus contribué à accélérer cette logique libérale, c'est peut-être l'usage (ou le détournement) de la notion de « projet d'établissement ». Or cette notion n'est pas le fruit de l'imagination de la droite, mais bien de la gauche, qui l'a débusquée dans les textes de l'enseignement privé sur son « caractère propre » – ce qui est assez cocasse... Cette notion a d'abord été lancée avec l'idée, qu'a développée plus tard Michel Rocard et que je fais mienne, qu'un projet national ne peut pas se réaliser sans la prise en compte du local. Mais le libéralisme traditionnel a repris cette idée de « projet d'établissement », installée sous Alain Savary, et l'a développée, argumentée, utilisée pour justifier l'officialisation des différences entre les établissements. Avec celui-ci, et à des coûts relativement minimes, des logiques libérales introduisent du différentiel et les établissements se hiérarchisent progressivement. Cette logique peut être menée jusqu'à l'extrême, jusqu'à l'embauche de l'enseignant laissée à la discrétion des chefs d'établissements, à la manière anglo-saxonne. Toute une frange libérale de parents pousse à cette logique sans en imaginer les conséquences. Les établissements devenant maîtres de leur recrutement, que fera-t-on d'un enfant dont personne ne veut ? Combien faudra-t-il payer pour qu'on le prenne ? S'il y a liberté des programmes, ne risque-t-on pas, en cas de déménagement, de se retrouver dans de considérables difficultés ?

Le risque est de voir ainsi s'instaurer une « babélisation » du système éducatif, dans lequel plus personne ne se parle parce que tous sont plongés dans l'éclatement, la mosaïque... La logique libérale déjà en œuvre ne perçoit pas l'élément symbolique d'élaboration du lien social que l'École française a assumé... et assume encore un peu.

La montée de cette pensée « libérale » correspond d'ailleurs, dans le même temps, à une revendication contre le caractère « reproductif » des inégalités sociales du système scolaire ; dans les quartiers populaires, les animateurs sociaux, les volontaires du soutien scolaire se lient très fortement aux familles pour faire appel des décisions de conseils de classe, des orientations, pour critiquer les enseignants et leurs méthodes. Cette montée de la revendication sociale est certes plus manifeste, voire bruyante, dans les classes favorisées et dans la classe moyenne – très inquiète pour l'avenir de ses enfants –, mais elle est aussi très encouragée dans les classes défavorisées par un certain nombre de ceux qui ont adopté l'idéologie bourdieusienne et qui veulent briser la reproduction sociale. On assiste ainsi, paradoxalement, à la montée d'une sorte de « libéralisme de gauche », encourageant les revendications contre l'école, du moment que celles-ci émanent de milieux défavorisés (et les condamnant quand elles émanent des familles aisées...).

Mais il ne faudrait pas, pour autant, diaboliser cette logique, ne serait-ce que parce que ceux qui la rejettent y ont aussitôt recours dès que leurs propres enfants sont en cause, mais aussi parce qu'elle ne peut pas être tenue seulement pour un égoïsme mercantile et uniforme. Elle affiche un conglomérat de comportements d'ultra-libéraux, d'un côté, et, de l'autre, d'hommes et de femmes qui, simplement, ne veulent plus se « laisser faire ».

Devant ce double phénomène – l'aspiration à une école de l'unité nationale et la montée de comportements qu'on pourrait appeler libéraux, consuméristes ou revendicatifs –, il ne faut, me semble-t-il, ni céder à la nostalgie du passé ni s'abandonner aveuglément à la pression du présent. Il faut tenter de réinventer un *contrat école-famille* et accepter l'idée que le décalage entre famille et école, même quand il est parfois à la limite du conflit, n'est pas nécessairement catastrophique. Dans la mesure où ce décalage ne manifeste pas une volonté réciproque d'emprise d'une institution sur une autre, il peut même être formateur et éducatif pour l'enfant.

*Certains comportements familiaux en matière de nourriture, de gestion du temps, ont de réels effets sur la réussite scolaire*

La famille ne doit pas chercher à exercer une emprise sur l'école, ni par le biais des associations de parents d'élèves ou des groupes de pression, ni par le biais (quand on est enseignant) de ce que l'on appelle parfois dans notre jargon les « classes-CAMIF » (ces classes où sont placés tous les enfants de profs, et dans lesquelles beaucoup d'autres professions nourrissent le secret espoir d'y voir entrer leur enfant). Mais il faut, de même, éviter l'emprise de l'école sur la famille. C'est pourquoi les professeurs ne peuvent pas, à la fois, refuser aux parents de se mêler de leur pédagogie et leur demander, en permanence, d'intervenir dans l'aide au travail scolaire de leurs enfants. Quand on considère l'ampleur démesurée du travail exigé des enfants et la sollicitation qu'elle impose aux parents, on se retrouve dans une situation étrange dans laquelle les enseignants semblent dire : « Ne venez pas voir ce que l'on fait ; en revanche, nous vous déléguons toute une série de tâches qui sont de notre ressort : enseignez à vos enfants à apprendre leurs leçons, à réviser un contrôle. Non, nous ne le leur apprenons pas, c'est à vous de le faire ! Sinon nous vous considérons comme démissionnaires. »

Or le temps passé par les parents à aider leurs enfants dans leur travail scolaire n'exerce pas vraiment d'influence sur les résultats scolaires. En revanche, des corrélations peuvent être discernées entre les attitudes parentales dans la vie familiale et la réussite scolaire. Certains comportements familiaux en matière de gestion du temps, de rapport à la télévision, d'habillement, de nourriture, ont de réels effets sur la réussite scolaire.

Par exemple, quand des parents apprennent à leurs enfants à anticiper (« Demande-toi ce qui va se passer si tu fais ça... ») ; quand, pour un goûter d'anniversaire, ils donnent une somme à gérer (« Organise-toi... ») ; quand, avant de retapisser une chambre, ils prennent l'avis de l'enfant (« Par quoi on commence ? ») ; quand, en prévision d'un voyage, ils le sollicitent pour la lecture de la carte ; quand les parents jouent dans la vie familiale un rôle qu'on pourrait appeler de *professeurs d'intelligence* à l'occasion des événements familiaux eux-mêmes – et non sur le travail scolaire –, alors, toutes ces activités se révèlent déterminantes pour la réussite scolaire...

En l'occurrence, le comportement le plus déterminant de la vie familiale dans la réussite scolaire semble être la *reformulation*. Lorsque l'enfant s'exprime mal ou qu'il emploie un vocabulaire approximatif, qu'on ne le comprend pas, et que les parents l'obligent à reformuler, à réexpliquer – « Qu'est-ce que tu veux dire par là ? », « Est-ce que c'est ça ? » –, ils le conduisent à structurer sa pensée infiniment plus qu'en le pourchassant avec son cahier de textes pour lui faire refaire son exercice de géographie... Ce qui est déterminant dans la réussite scolaire, c'est moins l'entêtement des parents à suivre, à rabâcher, à faire refaire des exercices, que leur aptitude à gérer la vie familiale quotidienne d'une manière qui soit génératrice de réflexions pour l'enfant.

Un autre enjeu tient à ce qu'on peut appeler la *structuration* de la famille, à travers, par exemple, la façon dont se négocie le programme de télévision. Là encore,

les parents sont infiniment plus influents dans la construction de l'intelligence et la réussite scolaire de leurs enfants que dans le contrôle strict des devoirs scolaires. Apprendre à lire un hebdomadaire télé, à repérer en début de semaine les émissions importantes, en discuter avec l'enfant, ne pas changer d'émission en cours de route... Ou encore : intégrer l'enfant dans une discussion, discuter de l'actualité traitée à la télé ou dans la presse, tout ce qui peut se verbaliser et s'exprimer dans la famille à ces occasions est essentiel.
Ces comportements ne sont d'ailleurs pas réservés à des familles aisées dans lesquelles, au contraire, pour certaines, la parole a presque disparu, parce qu'elles sont devenues une sorte de carrefour où l'on se croise sans se parler. D'une certaine manière, désormais, « la famille, c'est l'ensemble des personnes qui utilisent le même réfrigérateur », comme le regrettent de nombreux jeunes. Ce n'est même plus l'ensemble des personnes qui regardent la même télé – réponse d'il y a cinq ou dix ans. Aujourd'hui, il y a une télé par pièce, même dans les familles modestes. La famille moderne, c'est : on arrive, on prend un yaourt, on crie « Qui a pris les bananes ? », et l'on repart sans dire à quelle heure on rentrera, en laissant éventuellement son linge sale. Au contraire, dans certaines familles modestes, on fait parfois un véritable effort afin que le repas demeure un lieu d'échange et de parole.
Les enseignants ont alors beau jeu de crier à la « démission » des familles. S'il s'agit de leur reprocher leur manque de suivi scolaire, chacun sait bien qu'il a peu d'influence réelle : quand les parents réexpliquent, ils

réexpliquent mal... Cela vire très tôt au drame, parce qu'on en arrive vite au chantage affectif : « Tu comprends ? Si tu ne comprends pas, c'est que tu ne m'aimes pas... » En revanche, les parents sont très bien placés pour favoriser des espaces de parole, réinjecter des moments de reformulation ou de planification. Des choses élémentaires, que n'effectuent pas spontanément les gamins : organiser, s'exprimer dans un langage où il y ait ce que nous, pédagogues, appelons des « connecteurs sémantiques ». Cela est d'autant plus important que certains enfants, aujourd'hui, ne parlent plus que dans une sorte de flot d'onomatopées comme dans un mauvais clip vidéo, sans mise en ordre narrative, dans un discours où les choses se bousculent sans prendre véritablement sens.

La déliquescence du tissu social est telle que les lieux de parole – la famille, mais aussi tous les lieux associatifs, culturels, sportifs, artistiques, etc. – battent de l'aile. Dans les lycées, tout ce qui favorisait la parole, les foyers, les clubs, disparaît. Et l'on englobe tout cela sous le terme de « démission des familles », alors qu'il s'agit, plus profondément, d'une perte des lieux de parole, des lieux d'échange, de reformulation, de construction de l'identité et de l'intelligence.

Au total, le décalage famille-école est nécessaire à condition de marquer la spécificité des rôles de chacun : la famille demeure le lieu de la filiation, ce lieu où, à travers la gestion de la vie quotidienne, se forge de l'intelligence. Alors que l'école joue un rôle tout aussi essentiel, en favorisant la prise de distance avec sa famille. Grâce à l'école, la société française peut apporter quelque chose de très riche aux enfants : la possibilité d'un brassage minimum, dans un lieu où l'on découvre que l'on n'est pas seulement « de sa famille », qu'on participe aussi de toute une histoire et de toute une humanité.

C'est pourquoi l'école ne peut pas reprocher aux familles d'être « consommatrices » à son égard, alors qu'elle-même a transformé le savoir en objet de consommation purement scolaire. Tant qu'on enseigne, à l'école, uniquement ce qui ne sert qu'à réussir à l'école, et tant qu'on ne met pas en rapport ce que l'on y apprend avec les questions fondatrices de la vie de l'enfant, avec les problèmes essentiels qui le travaillent – et pas uniquement les problèmes techniques, mais les problèmes de fond –, on ne peut pas reprocher aux enfants et aux familles d'être des consommateurs de savoirs scolaires. C'est l'école qui organise cette consommation en multipliant les produits, les options – un véritable *marketing* –, en constituant très tôt des filières par le biais de classes dites « internationales » ou « bilingues ». Le plus grave, c'est que l'enfant ne trouve pas à l'école des réponses aux questions essentielles qu'il se pose, à ces questions fortes, qui préoccupent tous les gamins, et auxquels ne sont proposées que des « utilités scolaires », dans une sorte de « pédagogie bancaire »...

On étudie *Le Dormeur du val* de Rimbaud pour savoir qu'il y a un enjambement à la fin du troisième vers de la deuxième strophe, mais non pour comprendre comment un gamin de dix-sept ans peut transformer sa révolte en poésie. On reproche aux parents de faire du

« marchandage » avec les savoirs scolaires, alors que l'école a perdu de vue ce que d'aucuns appellent les grandes questions fondamentales de l'existence, et que je désignerais simplement par : le bien et le mal, le sens des choses et de la vie... « Pourquoi mon père a le droit de coucher dans le lit de ma mère et pas moi ? » « Et si je marche tout droit, j'arrive où ? » « Est-ce que l'univers est fini ou infini ? » « D'où je viens ? » « Quelle est la différence entre la vie et la mort ? » « Comment se fait-il que 75 % de mes cellules n'étaient pas là l'an dernier, alors que mon corps est toujours le même et que je porte toujours le même nom ? »

À l'école, deux cultures se regardent en chiens de faïence : la « culture jeune » n'interroge pas la culture scolaire et la culture scolaire n'interroge pas la « culture jeune ». La « culture jeune », « c'est ma vie ; ma vie, c'est la techno, les *raves*, la télé, les copains » ; la culture scolaire, c'est : « Je te donne deux heures de ma vie pour faire une dissertation qui ne m'intéresse pas, et tu me donnes ma note. » Les savoirs scolaires ont été ramenés à des utilités servant à passer de classe en classe...

Si on veut retrouver le sens d'une école qui réussit au-delà des différences sans, pour autant, poursuivre la colonisation de l'intérieur, il faut y restaurer des savoirs vivants, fils de questions vivantes et communes auxquels les enfants apprendront à répondre ensemble sans abdiquer leur identité ! En réalité, il s'agit d'inventer une nouvelle donne qui respecterait un enracinement familial essentiel, avec toutes ses différences et, en même temps, l'accès à une universalité qui réconcilierait le droit à la différence et le droit à la ressemblance. Il faut qu'on soit assez *semblable* pour pouvoir se *parler*, et qu'on soit assez *différent* pour avoir quelque chose à se *dire*.

C'est pourquoi nous devons trouver un nouveau contrat entre la société civile et l'école, installer le parent comme *citoyen-parent* et non comme parent-citoyen. Faire en sorte que les parents soient d'abord sollicités sur les problèmes de l'école en tant que citoyens avant de l'être en tant que parents. Il faudrait une sorte de « citoyenneté scolaire ». En justice, personne ne peut être à la fois juge et partie : aujourd'hui, dans l'école, les parents peuvent être juges de l'organisation générale du système scolaire ; ils peuvent aussi être parties dans la mesure où ils ressentent une angoisse légitime quant à l'avenir de leur enfant... Mais leur double position de juges et parties, comme c'est le cas aujourd'hui dans les conseils d'administration et les conseils de classe, me paraît engendrer une situation malsaine ; il serait plus sain d'établir un système de commissions scolaires, comme cela existe dans certains pays, où les parents qui interviennent dans les établissements ne le feraient pas au titre de parents représentant les intérêts personnels d'autres parents mais en tant que citoyens, incarnant un certain nombre d'exigences citoyennes. Cela permettrait en tout cas aux parents d'être plus sereins à l'égard de la scolarité de leurs enfants, et à l'école de moins se sentir sous la coupe et la pression de parents qui veulent la vassaliser et l'assujettir à leurs intérêts particuliers.

*Cela peut paraître utopique... mais j'ai tendance à penser que les parents peuvent être intelligents*

Cela peut paraître utopique... mais j'ai tendance à penser que les parents peuvent être intelligents, si on leur explique les enjeux non seulement en termes d'avenir individuel de leurs propres enfants, mais aussi en termes politiques et sociaux. Même des parents de milieux favorisés peuvent entendre que ce serait un appauvrissement considérable pour leurs enfants de fréquenter uniquement des jeunes du même milieu pendant toute leur enfance et leur adolescence. Tout les parents peuvent comprendre le fait qu'un échec dans une discipline n'est pas rédhibitoire, que l'expression dans des disciplines culturelles ou artistiques est importante et contribue au développement de la personnalité. Je parie sur la capacité des parents à entendre cela et sur celle des enseignants à ne pas rejeter sur les familles toute une partie de leurs responsabilités, à donner du sens au savoir et aussi à ne pas psychologiser à outrance les problèmes des élèves. Il y aurait également à retravailler ensemble (parents, enseignants et élèves) – et c'est un beau chantier – à la reconstruction de la cité scolaire comme une cité de droit. Droit, au sens étymologique : ce qui fonde la société civile. Comme le dit Marcel Mauss : « Pour qu'il y ait société, il faut que les gens posent les lances et se mettent autour de la table pour parler. » Or, actuellement, l'école n'est pas une société de droit. Parce qu'un certain nombre de violences y règnent – moins qu'on ne le dit, mais elles existent... –, verbales autant que physiques. Des élèves se censurent, finissent par ne plus s'exprimer de peur de la moquerie, du crachat, de l'invective de l'autre. Et quand un enseignant est victime, il ne peut pas être juge, parce que quand la victime juge, elle se venge et appelle la vengeance. Cycle infernal... Quand un professeur arrive en retard, personne ne lui dit rien, alors que quand l'élève arrive en retard, il est puni. Or, en droit, ce sont les mineurs qui bénéficient des circonstances atténuantes, et non les adultes, surtout quand les adultes sont payés et que les mineurs ne le sont pas. Une société de droit à l'école, ce serait aussi une société où il y aurait un minimum de rigueur dans l'évaluation. Aujourd'hui, parents et enseignants tirent chacun de leur côté pour négocier la valeur et la portée des notes. Nous sommes là dans une société d'influences, sans jurisprudence, sans système clair d'appel. Quand un élève se plaint ou ne comprend pas une mauvaise note, quel recours a-t-il ? On ne sait pas. Que font les parents ? Ils changent d'établissement, se débrouillent, font du *zapping*, mettent l'enfant en 3e ici, parce que le prof de maths est bon, le placent en seconde là, parce que les profs de français sont bien cotés, puis, en première, l'inscrivent dans le privé, avant, en terminale, de revenir dans le public pour qu'il aille en « prépa »...

Oserait-on même aborder les cas d'incapacité pédagogique notoire de certains professeurs ? Il devrait pouvoir y avoir dans l'école des systèmes d'arbitrage, des structures de médiation. Après tout, dans les entreprises, les gens ressentent de plus en plus la nécessité de rituels et de médiateurs qui permettent d'apaiser les conflits, et les obtiennent. L'institution scolaire échappe à cette réalité-là et, en l'absence de telles instances, la parole est à celui qui criera le plus fort. Sans organisation claire de systèmes d'arbitrage, on restera dans le rapport de force. Sans tomber dans un juridisme à l'américaine, une régulation interne, surtout pas unipartite – ni les parents seuls, ni l'administration seule, ni les élèves seuls –, serait bienvenue.

Enfin, il y a ce gros serpent de mer qui fait partie du contentieux parents-profs : l'évaluation des établissements, telle qu'en font état des journaux dits « sérieux », en publiant les résultats du bac, sans toujours noter les facteurs de pondération, ou en les faisant paraître tout à fait seconds, sans relever ce que les Italiens appellent la « mortalité scolaire », c'est-à-dire le nombre d'élèves évacués en cours de cursus. Ces publications en arrivent à afficher des chiffres absurdes ; il faudrait au moins insérer dans les statistiques – ce que tous les rectorats détiennent mais qu'ils rechignent à publier – le nombre d'élèves qui obtiennent le bac en trois ans dans la section qu'ils ont choisie par rapport au nombre de ceux qui y entrent. Si au lieu de dire « 70 % de réussite au bac », on dit « sur 100 élèves entrés il y a trois ans, 70 ont réussi », cela n'a pas du tout le même sens : parce que « 70 % de réussite au bac », cela ne concerne que les élèves de terminale se présentant à l'épreuve et ne prend en compte ni les redoublements, ni les évictions, ni les bons élèves arrivés en cours de cycle.

La question du rapport parents-école ne sera pas réglée tant que la question de l'évaluation des établissements ne sera pas clarifiée, et tant que la presse continuera de publier des statistiques qui accentuent le consumérisme scolaire. Si cette question de l'évaluation n'est pas mise au centre d'un travail collectif des parents, des professeurs et des élèves, l'école continuera à entériner les clivages, voire à les grossir. Les rapports parents-école sont aujourd'hui placés sous le signe du malentendu... mais les chantiers sont là qui pourraient permettre des concertations constructives. À nous, à tous de savoir y travailler pour construire un nouveau contrat social.

*Philippe Meirieu est docteur ès lettres et sciences humaines et professeur en sciences de l'éducation à l'université Lumière - Lyon-II. Il a notamment mis en place une structure pédagogique originale ayant permis de valider son hypothèse de « pédagogie différenciée », selon laquelle la multiplication des itinéraires d'apprentissage et le fait de permettre à chacun de recevoir un enseignement adapté favorisent la réussite de tous. Aujourd'hui, dans le cadre du Laboratoire de pédagogie de l'université Lumière - Lyon-II, il poursuit ses recherches sur le thème des apprentissages, sur la place de l'éthique dans la réflexion pédagogique ainsi que sur les rapports des apprentissages et de la socialisation. Dans ce cadre, il s'interroge sur le rôle de l'école dans la création du « lien social ». Il a écrit, entre autres,* L'École mode d'emploi *(ESF, 11e édition en 1995 ;* Le Choix d'éduquer, éthique et pédagogie *(ESF, 4e édition en 1994),* L'Envers du tableau : quelle pédagogie pour quelle École ? *(ESF, 3e édition en 1995) ;* et Frankenstein pédagogue *(ESF, 1996).*

# Repères

*Les statistiques montrent combien la discrimination sociale pèse lourdement sur le système scolaire. Mais elles livrent aussi les espoirs et les sacrifices qui s'y jouent. Textes de lois, textes philosophiques et extraits littéraires rappellent les combats de la République, les grands objectifs de l'instruction, les souffrances de l'éducation. Et évoquent aussi les joies de l'école et l'investissement souvent enthousiaste des familles.*

# Ce que disent les chiffres

## La population scolaire s'amenuise

Tandis que la population française continue d'augmenter (+ 0,4 % entre le 1er janvier 1994 et le 1er janvier 1995 , et + 3,4 % en cinq ans), la population scolaire évolue différemment : son effectif est quasiment le même qu'en 1989-1990 ; il décroît depuis 1992-1993, après avoir augmenté (moins rapidement que la population totale) pendant les trois années scolaires précédentes. De ce fait, la part de la population scolaire dans la population totale diminue régulièrement, passant de 22,1 % en 1989-1990 à 21,4 % en 1994-1995 (21,5 % en 1993-1994).

*Source : Repères et références statistiques sur les enseignements et la formation, DEP (Direction de l'évaluation et de la prospective), 1995*



## Le supérieur à « métier sûr » fait salle comble, les petites classes se vident

En près de quinze ans, si une certaine décrue démographique s'observe dans le primaire (moins 440 000 élèves environ), le secondaire a progressé, dans le même laps de temps, de presque autant d'unités. La démocratisation (ou la « massification ») de l'enseignement est spectaculaire dans le cycle supérieur, avec près de 900 000 étudiants en plus. À noter : la « professionnalisation » progressive des études et le succès des filières débouchant sur un métier « sûr », dans le cycle supérieur, à en juger par la fréquentation des classes préparatoires (CPGE), STS, IUT, écoles d'ingénieurs et de commerce... L'effet de diffusion de l'enseignement est encore plus accentué : 89,2 % (contre 79,8 %, il y a quinze ans) des 2-22 ans sont requis par le système.

**Évolution des effectifs d'élèves, d'étudiants et d'apprentis par niveau d'étude (en milliers)**

| | 1980-81 | 1985-86 | 1988-89 | 1989-90 | 1990-91 | 1991-92 | 1992-93 | 1993-94 |
|---|---|---|---|---|---|---|---|---|
| 1er degré | 7 124,3 | 6 686,3 | 6 680,5 | 6 699,1 | 6 704,8 | 6 668,6 | 6 610,0 | 6 561,7 |
| 2e degré Éducation nationale | 5 136,7 | 5 489,1 | 5 506,8 | 5 514,3 | 5 523,4 | 5 550,1 | 5 578,9 | 5 617,2 |
| Autres formations 2e degré | 453,9 | 444,0 | 464,6 | 454,9 | 437,9 | 423,3 | 417,5 | 442,6 |
| Enseignement supérieur | 1 174,9 | 1 357,9 | 1 477,1 | 1 585,3 | 1 698,7 | 1 840,3 | 1 952,0 | 2 074,6 |
| Ensemble : | | | | | | | | |
| - effectif | 13 889,8 | 13 977,3 | 14 129,0 | 14 253,6 | 14 364,8 | 14 482,3 | 14 558,4 | 14 696,1 |
| - en % de la population de 2 à 22 ans | 79,8 | 81,6 | 83,9 | 85,0 | 86,0 | 87,0 | 87,9 | 89,2 |

*Source : ministère de l'Éducation nationale, de l'Enseignement supérieur et de la Recherche, DEP*



# Des nationalités de plus en plus mélangées

En près de vingt ans, les effectifs scolaires ont vu doubler le nombre des élèves d'origine étrangère accueillis : de 254 600 en 1975-1976 à 416 000 en 1991-1992. (Avec 3 597 000 étrangers en France, la population étrangère représentait 6,4 % de la population totale en 1990.) Depuis, ce chiffre tend à décroître : 377 000 en 1994-1995. Ces élèves d'origine étrangère sont plus nombreux dans le public que dans le privé et, surtout, leur présence est plus forte dans l'enseignement spécial ; ils bénéficient moins que les autres de scolarisations longues.

**Répartition par nationalité ou origine géographique en 1994-1995 (en milliers)**

| | 2e degré (hors enseignement spécial) Public | Privé | Total | Enseignement spécial du 2e degré EREA | SES/SEGPA | Total 2e degré | Post-bac |
|---|---|---|---|---|---|---|---|
| Algériens | 55 783 | 3 006 | 58 789 | 263 | 2 890 | 61 942 | 1 295 |
| Marocains | 98 710 | 3 173 | 101 883 | 410 | 5 301 | 107 594 | 2 052 |
| Tunisiens | 25 352 | 1 091 | 26 443 | 105 | 1 470 | 28 018 | 440 |
| Autres nationalités d'Afrique | 26 752 | 3 463 | 30 215 | 211 | 1 705 | 32 131 | 1 649 |
| Espagnols | 5 017 | 1 095 | 6 112 | 10 | 108 | 6 230 | 219 |
| Portugais | 46 388 | 4 373 | 50 761 | 175 | 1 710 | 52 646 | 1 250 |
| Italiens | 5 105 | 752 | 5 857 | 17 | 167 | 6 041 | 191 |
| Autres nationalités de l'Union européenne | 7 019 | 1 792 | 8 811 | 14 | 52 | 8 877 | 317 |
| Autres nationalités d'Europe | 8 393 | 1 014 | 9 407 | 11 | 180 | 9 598 | 308 |
| Turcs | 27 811 | 744 | 28 555 | 101 | 2 436 | 31 092 | 374 |
| Nationalités du Sud-Est asiatique[1] | 13 587 | 1 082 | 14 669 | 17 | 219 | 14 905 | 669 |
| Autres nationalités | 14 283 | 2 615 | 16 898 | 87 | 526 | 17 511 | 591 |
| **Total** | 334 200 | 24 200 | 358 400 | 1 421 | 16 764 | 376 585 | 9 355 |
| % du total des élèves | 7,7 | 2,1 | 6,5 | 11,8 | 15,3 | 6,7 | 3,4 |

1. Thaïlande, Philippines, Singapour, Malaisie, Hongkong, Indonésie, Cambodge, Laos et Vietnam.

*Source :* Tableaux statistiques, *n° 6258, avril 1994 (publié), n° 6259, avril 1994 (inédit), et* Les Étrangers en France, *Paris, INSEE, 1994*

**Évolution du nombre d'élèves de nationalité étrangère dans le 2e degré (en milliers)**

| | 1975-76 | 1980-81 | 1985-86 | 1990-91 | 1991-92 | 1992-93 | 1993-94 | 1994-95 |
|---|---|---|---|---|---|---|---|---|
| Élèves de nationalité étrangère | 254 581 | 307 417 | 383 539 | 412 226 | 416 346 | 405 203 | 392 304 | 376 585 |
| % du nombre total d'élèves | 5,1 | 6,0 | 7,0 | 7,5 | 7,5 | 7,0 | 7,0 | 6,7 |

*Source :* Tableaux statistiques, *n° 6258, avril 1994 (publié), n° 6259, avril 1994 (inédit)*

## ZEP pour enfants d'ouvriers et de chômeurs

Selon de récentes enquêtes portant sur 575 établissements en ZEP (zones d'éducation prioritaires), les élèves de ces écoles proviennent plus souvent de milieux sociaux défavorisés : ouvriers non qualifiés (23 % contre 7 % pour l'ensemble des élèves), personnels de service et chômeurs ou inactifs (17 % contre 6 %). 68 % des élèves de ZEP sont issus des « classes populaires » contre 39 % dans l'ensemble du système.

Plus d'un élève sur cinq dans les ZEP provient d'une famille dont le responsable est inactif, au chômage ou en invalidité.

Par ailleurs, la proportion d'élèves étrangers est plus importante dans les ZEP (28,6 % dans les écoles en ZEP contre 10,5 % sur l'ensemble des écoles et 21,7 % dans le premier cycle en ZEP contre 9,5 % sur l'ensemble des collèges.

*Sources : les dossiers* Éducation et Formation, *n° 14, septembre 1992.* L'Évaluation des zones d'éducation prioritaires : description, typologie, fonctionnement, résultats, *ministère de l'Éducation nationale et de la Culture, DEP*



## Parcours d'obstacles pour tout le monde

Les élèves d'origine maghrébine sont plus enclins à accuser l'école et, surtout, son mode de sélection : « tribunal », « gare de triage », « tunnel ». Le choix massif de l'image du « club » peut paraître ambigu : inclusif, si l'on a à l'esprit l'équipe sportive ; exclusif, si, même de manière lointaine, l'on pense au club anglais. Si, de manière globale, l'image de l'école est plus négative chez ces jeunes, elle n'est jamais majoritaire. Rien n'indique donc en l'occurrence une fatalité du désaveu et du désamour.

**Les images de l'établissement selon la nationalité de la personne de référence du ménage**

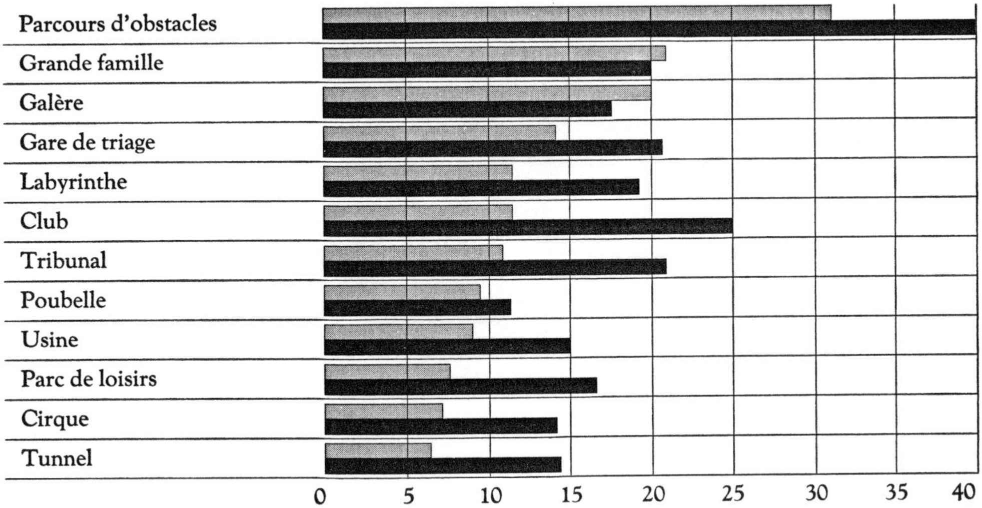


Français ■ Algériens, Marocains, Tunisiens

*Champ : collégiens et lycéens de métropole, dont le père (à défaut, la mère) est de nationalité française ou ressortissant d'un pays du Maghreb*

*Source : enquête « Éducation », INSEE/INED, 1992, in* Économie et Statistique, *n° 293, 1996*

# Du collège au lycée : la « reproduction » sociale

La sortie du collège fait apparaître un moment critique au cours duquel les écarts sociaux se creusent. Parmi les élèves parvenus au terme du 1er cycle sans redoublement, le taux de passage en 2e générale ou technologique diffère fortement selon l'appartenance sociale : 97 % pour les enfants de cadres et d'enseignants et 60 % seulement pour les enfants d'ouvriers. À l'inverse, le taux de passage en BEP (ou en CAP) est très faible (3 %) pour la première catégorie, alors qu'il atteint 38 % pour la seconde.

**Devenir scolaire des élèves entrés en 6e en 1989 selon leur appartenance sociale (en %)**

| | Catégorie socioprofessionnelle du père de l'élève | | | | | | |
|---|---|---|---|---|---|---|---|
| Cursus scolaire au cours des cinq années suivant l'entrée en 6e | Agriculteur exploitant | Artisan, commerçant, chef d'entreprise | cadre, enseignant | Profession intermédiaire | Employé | Ouvrier | Ensemble |
| Ensemble des entrants en 6e en 1989 | 100 | 100 | 100 | 100 | 100 | 100 | 100 |
| – Ont quitté le 1er cycle avant la 3e (pour CPPN, CPA, CAP en 3 ans) | 5 | 7 | 1 | 3 | 6 | 9 | 6 |
| – Ont effectué un 1er cycle complet | 95 | 93 | 99 | 97 | 94 | 91 | 94 |
| dont : | | | | | | | |
| • ont redoublé au cours du 1er cycle | 29 | 34 | 19 | 30 | 39 | 38 | 33 |
| • ont terminé le 1er cycle sans redoubler | 66 | 59 | 80 | 67 | 55 | 53 | 61 |
| *dont sont entrés après ce 1er cycle :* | | | | | | | |
| *• en 2e cycle général et technologique* | *49* | *45* | *77* | *57* | *41* | *32* | *46* |
| *• en 2e cycle professionnel* | *17* | *13* | *3* | *9* | *14* | *20* | *14* |
| Proportion d'élèves ayant redoublé au moins une fois parmi les élèves effectuant un 1er cycle complet | 30 | 37 | 19 | 32 | 41 | 42 | 35 |

*Source : ministère de l'Éducation nationale, de l'Enseignement supérieur et de la Recherche, DEP*

**Orientation en fin de 3e des élèves entrés en 6e en 1989**
**et ayant effectué un 1er cycle sans redoubler selon leur appartenance sociale (en %)**

| | Catégorie socioprofessionnelle du père de l'élève | | | | | | |
|---|---|---|---|---|---|---|---|
| Orientation | Agri-culteur exploitant | Artisan, commerçant, chef d'entreprise | cadre, enseignant | Profession inter-médiaire | Employé | Ouvrier | **Ensemble** |
| 2e cycle général et technologique | 74 | 77 | 97 | 86 | 74 | 60 | **76** |
| 2e cycle professionnel | 25 | 22 | 3 | 13 | 25 | 38 | **23** |
| Sortie du système scolaire | 1 | 1 | 0 | 1 | 1 | 2 | **1** |
| **Ensemble** | 100 | 100 | 100 | 100 | 100 | 100 | 100 |

*Source : ministère de l'Éducation nationale, de l'Enseignement supérieur et de la Recherche, DEP*



# Élitisme : vous avez dit « républicain » ?



« On connaît, grâce aux études de l'INED et aux enquêtes plus récentes du ministère de l'Éducation nationale, le destin scolaire réel des élèves des promotions qui ont quitté l'école primaire en 1962 puis en 1973. Il est possible de calculer, sur la base de ces données, ce qu'aurait coûté un scénario au terme duquel les chances d'accéder au baccalauréat ou dans une classe de terminale se seraient alignées, pour chaque élève, sur celles des fils de cadres supérieurs en 1962. Il aurait fallu multiplier par cinq l'accroissement annuel du budget de l'Éducation nationale pour parvenir, en fin de période, à un budget trois fois supérieur au budget réel, absorbant ainsi entre 60 % et 70 % de l'effort budgétaire de l'État ; il aurait fallu disposer de 1 400 000 enseignants du primaire et du secondaire au lieu de 600 000. Encore ce scénario d'égalisation retenu est-il modeste : le taux d'accès au baccalauréat ou à la classe de terminale des enfants de cadres supérieurs n'était, en 1962, que de 58 % (il frise aujourd'hui les 70 %). L'objectif des 80 % de bacheliers pour l'an 2000 revient donc à supposer que, en douze ans, 80 % de la population aura dépassé de plus de 10 % les performances scolaires aujourd'hui réalisées par les seuls enfants de cadres supérieurs.

« Mais assurer l'excellence à tous, c'est aussi maximiser les coûts en se privant d'une source appréciable d'économies en matière de dépenses publiques : les inégalités sociales. Expliquons-nous. La formation d'un intellectuel moderne est chose coûteuse. Et sans doute l'est-elle moins lorsque l'intellectuel reçoit une part de sa formation dans sa famille. Inégalités sociales et rentabilité scolaire sont indissociablement liées dans notre pays où il est moins onéreux de fabriquer des intellectuels avec des enfants d'intellectuels qu'avec des enfants d'ouvriers ou de paysans. Voilà qui peut expliquer l'importance de l'inégalité, son inertie et la précocité avec laquelle elle s'établit dans le système scolaire. On obtient confirmation de l'hypothèse en examinant la croissance considérable du coût marginal d'un bachelier, lorsque les scolarités se développent et affectent un public plus nombreux et plus diversifié. Entre 1964 et 1968, on a chaque année, pour former 1 000 diplômés de niveau égal ou supérieur au baccalauréat, recruté 683 maîtres supplémentaires ; entre 1969 et 1973, il en a fallu 926 ; et entre 1974 et 1978, 5 696. C'est donc vers l'univers abstrait et l'utopie que nous embarquent les objectifs d'excellence pour tous ; la hausse du niveau et l'étoffement de l'élite se heurtent à des limites sociales et économiques. »

*Source : Christian Baudelot, Roger Establet,* Le Niveau monte, *Seuil, 1989*

## Éducation : les cadres dépensent près de quatre fois plus que les ouvriers

Les frais d'*enseignement* (scolarité, pension, papeterie, livres scolaires et leçons particulières) et de garde des enfants coûtent environ 1 842 francs par an et par ménage, soit 1,2 % du budget des ménages.

Les frais de *scolarité* comprennent aussi les frais d'examen, tout en excluant les frais d'assurance scolaire, de papeterie et de livres scolaires. Associés aux frais de pension et de demi-pension, ils s'élèvent à 671 francs par ménage et par an. Mais si l'on considère les seuls ménages concernés (en particulier : pension et demi-pension), les frais de scolarité se montent à 3 497 francs par an et par ménage. Les catégories socioprofessionnelles supérieures sont plus enclines à assumer ces dépenses (en particulier, en ayant recours à l'enseignement privé).

**Dépenses de scolarité, de pension, demi-pension, selon la catégorie socioprofessionnelle en 1989**

| | Scolarité | | Pension et demi-pension | |
|---|---|---|---|---|
| Catégorie socioprofessionnelle de la personne de référence | Proportion de ménages ayant une dépense de scolarité | Montant annuel par ménage payant ces frais (en F) | Proportion de ménages ayant une dépense de pension, demi-pension | Montant annuel par ménage payant ces frais (en F) |
| Agriculteurs exploitants | 18,2 % | 2 849 | 8,9 % | 8 565 |
| Artisans, commerçants et chefs d'entreprise | 23,5 % | 4 802 | 3,9 % | 10 816 |
| Cadres et professions intellectuelles supérieures | 26,6 % | 5 612 | 2,6 % | 13 064 |
| Professions intermédiaires | 19,1 % | 2 954 | 2,2 % | 11 326 |
| Employés | 15,8 % | 2 482 | 1,7 % | 7 727 |
| Ouvriers | 16,2 % | 1 518 | 2,3 % | 8 056 |
| Retraités | 2,2 % | 3 879 | 0,5 % | 7 233 |
| Autres personnes sans activité professionnelle | 18,9 % | 5 986 | 0,9 % | 3 800 |
| Ensemble | 14,1 % | 3 497 | 1,9 % | 9 264 |

*Sources :* Radioscopie du budget des ménages, *D. Eneau, J.-M. Harriez, M. Moutardier, in* INSEE-Résultats, *n° 248-249,* Consommation-Modes de vie, *n° 50-51, juillet 1993*



## Les parents qui ne cherchent pas à voir les enseignants dépensent moins pour la scolarité

La fréquence et la nature des contacts des parents avec les enseignants représentent un indice révélateur du comportement éducatif en général. On constate qu'il n'est pas sans lien avec la dépense d'éducation.

Dans l'enseignement primaire, la dépense d'éducation est plus faible lorsque les contacts avec l'instituteur sont assurés uniquement par le père. Cette dernière situation est la plus fréquente dans les familles originaires du Maghreb, où la dépense éducative par enfant est relativement faible. Le même phénomène s'observe dans le secondaire.

Au collège ou au lycée, la dépense croît en même temps que l'intérêt des parents pour les contacts avec les professeurs. On le vérifie pour tous les postes du budget, mais surtout pour les cours particuliers et les séjours linguistiques, qui traduisent bien les préoccupations éducatives des parents.

**Dépense d'éducation par enfant selon les contacts avec les instituteurs (en francs/an/enfant scolarisé)**

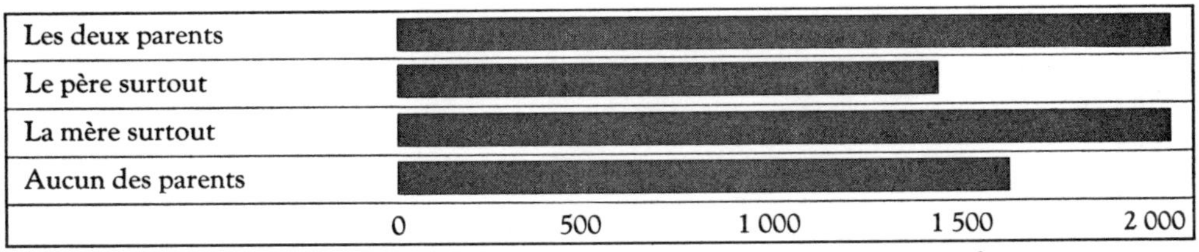


*Source* : INSEE-Résultats, *n° 331-332,* Consommation-Modes de vie, *n° 62-63, septembre 1994*

## Les parents qui consacrent moins de temps aux devoirs dépensent moins pour la scolarité

Si les efforts éducatifs des parents impliquent dans une première phase une dépense de temps, à mesure que progresse la scolarité de l'enfant, ils impliquent une dépense en argent.

Ceux qui n'aident jamais leurs enfants dans leur travail scolaire se signalent nettement par une dépense moindre. Les familles les plus démunies (d'origine étrangère ou peu diplômées) dépensent moins que les autres et sont moins préparées à suivre le travail scolaire des enfants. La relation positive entre dépense en temps et dépense en argent ne s'observe pas en maternelle, mais se vérifie systématiquement par la suite. On observe cependant un effet de substitution important entre les deux types de dépense pour ce qui est des cours particuliers : ils sont très prisés des parents qui n'aident jamais leur enfant…

**Dépense d'éducation par enfant selon le temps passé par les parents (nombre d'heures mensuelles) à aider l'enfant et le niveau de scolarité (en francs/an/enfant scolarisé)**



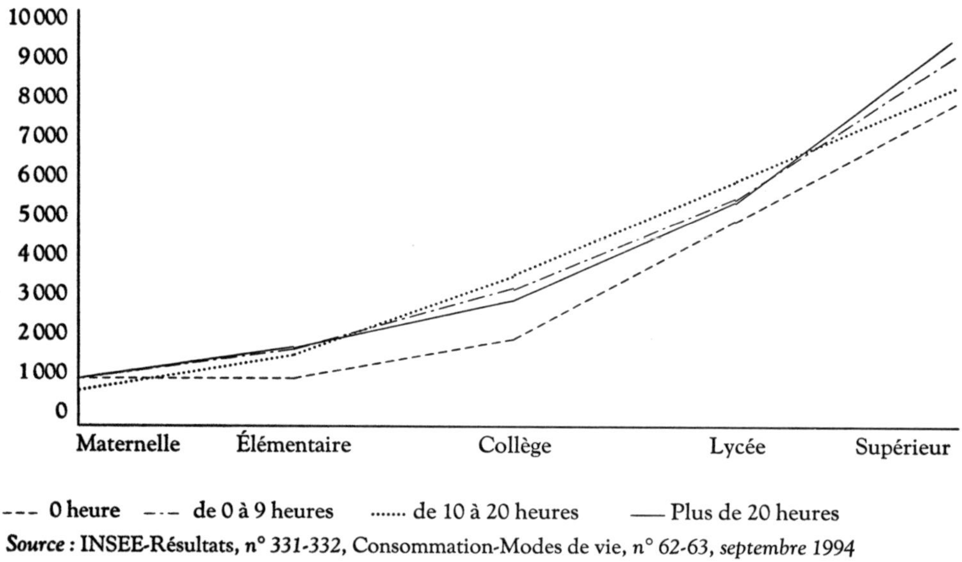


***Source*** : INSEE-Résultats, *n° 331-332*, Consommation-Modes de vie, *n° 62-63, septembre 1994*

# Le rôle des parents vu par eux-mêmes

La famille, les enfants, la responsabilité individuelle sont les valeurs de référence (contrairement aux idées reçues, au détriment de la vie professionnelle). Par ailleurs, le modèle de l'autorité parentale a changé : le développement de la personnalité de l'enfant est tenu pour le plus important. Afin de mettre en œuvre ces valeurs, c'est le « contrôle » qui apparaît encore comme le meilleur levier (notes et temps passé devant la télévision). Et, pour ce faire, une réduction du temps de travail professionnel apparaît comme la meilleure solution.



### Les parents et la société

**1. – Quelle est votre principale préoccupation aujourd'hui ?**

| | |
|---|---|
| Votre famille | 86 % |
| Votre métier | 9,7 % |
| Votre réalisation personnelle | 4,1 % |

**2. – Pour vous, la réponse aux préoccupations d'aujourd'hui passe par un développement de la responsabilité...**

| | |
|---|---|
| ... de chacun | 78,1 % |
| ... collective | 62,6 % |
| ... des élus | 57,2 % |
| ... de l'État | 55,6 % |

**3. – Qu'est-ce qui est le plus important dans votre vie familiale ?**

| | |
|---|---|
| Vivre pour ses enfants | 74,5 % |
| Respecter l'indépendance de chaque personne de la famille | 66,5 % |
| Avoir beaucoup de contacts en dehors de la famille | 44,4 % |

## Les parents et leurs enfants

**4. – Pour vous, qu'est-ce qui est le plus important dans votre rôle de parent ?**

| | |
|---|---|
| Développer la personnalité de l'enfant par des activités diverses | 28,2 % |
| Encourager l'enfant à prendre ses responsabilités | 24,1 % |
| Donner l'exemple à l'enfant | 16,6 % |
| Lui apprendre la politesse | 9,8 % |
| Apprendre à l'enfant à vivre en société | 8,7 % |
| Lui faire confiance | 8,5 % |
| Créer autour de lui un cadre harmonieux | 3,6 % |

**5. – Quelles solutions envisagez-vous pour que les parents passent plus de temps avec leurs enfants ?**

| | |
|---|---|
| Réduction ou aménagement du temps de travail des parents | 54 % |
| Participation des parents aux activités extra-scolaires | 19,1 % |
| Participation des parents aux activités de l'école | 13,9 % |
| Réduction du temps passé à l'école par les enfants | 11 % |

**6. – Selon vous, qu'est-ce qui est le plus important dans le suivi des enfants ?**

| | |
|---|---|
| Contrôler leurs notes | 79 % |
| Les aider dans leur travail | 70,9 % |
| Contrôler le temps passé devant la télévision | 66,7 % |
| Respecter leur rythme | 66,6 % |
| Les pousser | 60,5 % |
| Fournir un soutien scolaire en dehors de la famille | 46,8 % |

# Le rôle de l'école vu par les parents

Ouf ! 75 % des parents ont encore une bonne opinion de l'école. Mais le partage des rôles est tranché : à l'école, l'instruction (86,3 %). Le développement de la personnalité paraissant plus accessoire, de même que la préparation à un métier (sauf dans les catégories les moins diplômées).

De manière écrasante, les parents souhaitent plus d'information à propos des établissements et des codes implicites du système éducatif (59,9 %).



### Les parents et l'école

**1. – Quelle est votre opinion du système éducatif français ?**

| | |
|---|---|
| Très bonne | 7,3 % |
| Assez bonne | 67,9 % |
| Assez mauvaise | 20,9 % |
| Très mauvaise | 3,6 % |

**2. – À votre avis, le rôle de l'école doit être de...**

A – ... préparer l'enfant à un métier

B – ... développer la personnalité de l'enfant

| | A | B |
|---|---|---|
| Artisans, commerçants, chefs d'entreprise | 71,9 % | 56,3 % |
| Ouvriers | 68,3 % | 63,5 % |
| Cadres supérieurs, professions intellectuelles supérieures, professions libérales | 42,1 % | 56,6 % |
| Employés | 55,6 % | 58,3 % |
| Agriculteurs | 40 % | 50 % |
| Cadres moyens, professions intermédiaires | 35,3 % | 61,4 % |

**3. – Quel est, pour vous, le rôle de l'école ?**

| | |
|---|---|
| Instruire | 86,3 % |
| Prolonger l'éducation que donne la famille | 44,7 % |
| Donner l'éducation que ne donne pas la famille | 26,1 % |

**4. – Quelles sont, pour vous, les choses importantes en tant que parent dans la relation avec l'école ?**

| | |
|---|---|
| Être informé de ce qui se passe dans l'établissement | 67 % |
| Être informé des transformations de l'école et du système éducatif | 59,9 % |
| Assister aux réunions | 55,9 % |
| Donner son avis | 53,7 % |

**5. – Quelle est, pour vous, la source d'information la plus importante concernant l'école ?**

| | |
|---|---|
| Les réunions de parents | 28,8 % |
| Les enseignants | 23,6 % |
| Vos enfants | 19,3 % |
| Une association de parents d'élèves | 10,8 % |
| Vos lectures | 8,9 % |
| Les centres d'information spécialisés | 3,7 % |
| D'autres parents d'élèves | 3,3 % |
| Les amis | 1,1 % |



# Le rôle des enseignants vu par les parents

Les parents souhaitent un dialogue plus facile avec les enseignants. Mais se soucient beaucoup moins d'intervenir au sein de l'école (17 %). Les parents font confiance aux enseignants... à ce point même qu'ils attendent d'eux qu'ils prennent plus de responsabilités.

**Les parents et les enseignants**

**À votre avis, quelles attentes les parents peuvent-ils avoir par rapport aux enseignants ?**

| | |
|---|---|
| Un dialogue plus facile | 54,7 % |
| Une présence plus importante des enseignants dans l'établissement | 42,3 % |
| Un rôle de relais entre l'école et l'extérieur de l'école | 33,4 % |
| Laisser davantage intervenir les parents | 17,1 % |

# Les parents s'investissent

Bonne image des associations de parents d'élèves, non dénuée de lucidité : plus de 67 % pensent que leurs membres sont « uniquement préoccupés par la scolarité de leurs enfants ».

Pour près de la moitié des parents interrogés, adhérer à une association de parents d'élèves indépendante, c'est « vouloir une action non politisée ». Les deux autres raisons principales pour faire ce choix, plutôt que d'adhérer à l'une des grandes fédérations, seraient le souhait d'une présence plus forte dans l'établissement et celui d'une convivialité plus grande.

Sur ces associations indépendantes, l'avis est presque aussi positif (76 % de bonnes opinions) que sur les associations de parents d'élèves en général.

## Les associations de parents

**1. – Si vous deviez faire partie d'une association ou d'une organisation, feriez-vous partie...**

| | |
|---|---|
| ... d'une association de parents d'élèves | 39,1 % |
| ... d'une association à but humanitaire | 37,3 % |
| ... d'une association sportive | 29 % |
| ... d'une association culturelle | 27,4 % |
| ... d'une association de consommateurs | 14,5 % |
| ... d'un syndicat | 12,7 % |
| ... d'un parti politique | 3,5 % |

**2. – Quelle opinion avez-vous des associations de parents d'élèves ?**

| | |
|---|---|
| Très bonne | 13,7 % |
| Assez bonne | 69,1 % |
| Assez mauvaise | 10,1 % |
| Très mauvaise | 2,2 % |

**3. – À votre avis, pourquoi les parents adhèrent-ils à une association de parents d'élèves ?**

| | |
|---|---|
| Ils veulent savoir ce qui se passe dans l'établissement | 90,5 % |
| Ils ont le sens de leurs responsabilités | 85,6 % |
| Ils veulent prendre des responsabilités sur le plan local | 73,5 % |
| Ils sont uniquement préoccupés par la scolarité de leurs enfants | 67,3 % |
| C'est un acte de civisme | 59 % |
| Ils veulent se valoriser | 42,6 % |
| Ils ont le goût du pouvoir | 40,6 % |

**4. – À quelle condition prendriez-vous des responsabilités dans une association de parents d'élèves ?**

| | |
|---|---|
| Si l'association avait plus de poids | 29,2 % |
| Si le président de l'association était plus reconnu | 29,2 % |
| Si l'association était moins utilisée comme faire-valoir | 26,6 % |
| Si l'association donnait plus de possibilités | 26,2 % |

**5. – Quelle opinion avez-vous des associations de parents d'élèves indépendantes ?**

| | |
|---|---|
| Très bonne | 11,7 % |
| Assez bonne | 64 % |
| Assez mauvaise | 13 % |
| Très mauvaise | 2,5 % |

*Ce sondage Anacom-Télé-performance-PEEP a été réalisé du 4 au 16 mars 1994 auprès d'un échantillon de 1 192 parents d'au moins un enfant entre 0 et 24 ans, selon la méthode des quotas.*

*Source :* Le Monde de l'éducation, *mai 1994*

## Le masculin et le féminin dans les modèles éducatifs des parents

Le niveau d'instruction des parents est un facteur susceptible de jouer un rôle sur les aspirations nourries à l'endroit de leurs enfants. On a tendance à souhaiter pour son enfant ce qui vous a réussi, de même que, pour éviter une pression psychologique trop forte, les parents dont l'enfant est en échec se persuadent qu'on peut réussir sans diplôme. Ou, comme le suggère Pierre Bourdieu, il faudrait lire dans ces aspirations parentales le produit d'un processus d'« intériorisation des probabilités objectives en espérances subjectives »… Ainsi pour le bac (de 95,1 % à 73 % selon les diplômes), avec une différence : on est plus ambitieux pour les garçons que pour les filles dans les catégories socioprofessionnelles les plus élevées ; c'est le contraire qui est vrai dans les moins élevées. À tous les niveaux, on tend à privilégier pour les filles un bac général ; comme on peut s'y attendre, ce sont les baccalauréats scientifiques qui sont le plus prisés pour les garçons.

**« Espoir de baccalauréat » quand l'enfant est en primaire/secondaire, selon le niveau de la personne de référence (en %)**

| | Niveau de la personne de référence | | | | |
|---|---|---|---|---|---|
| | Supérieur | Baccalauréat | CAP-BEP | BEPC | Aucun |
| Garçons | | | | | |
| Primaire | 96,4 | 84,5 | 72,3 | 71,8 | 69,8 |
| Secondaire | 96,1 | 94,7 | 84,1 | 80,8 | 73,3 |
| Filles | | | | | |
| Primaire | 93,9 | 90,8 | 81,3 | 77,4 | 76,2 |
| Secondaire | 96,8 | 95,2 | 86,9 | 88,9 | 76,8 |

*Source : enquête « Efforts d'éducation des familles » de 1992, INSEE/INED*

**Souhait d'un baccalauréat général quand on envisage un baccalauréat, en fonction du niveau d'études du responsable (en %)**

| | Niveau d'études du responsable | | | | |
|---|---|---|---|---|---|
| | Supérieur | Baccalauréat | CAP | BEPC | Aucun |
| Garçons | 71,3 | 58,1 | 43,5 | 29,7 | 32,5 |
| Filles | 81,4 | 66,3 | 54,8 | 52,2 | 35,7 |

*Source : enquête « Efforts d'éducation des familles » de 1992, INSEE/INED*



# Garçons et filles : de subtiles différences

Les qualificatifs recueillant au moins 5 % des réponses sont, pour les garçons : le dynamisme, la débrouillardise, l'ambition, le sérieux, le sens de l'effort et le sens moral. Pour les filles : la débrouillardise, le dynamisme, le sens moral, le sérieux, le sens de la famille, l'ambition, le sens de l'effort, le charme. On ne peut s'empêcher de constater que ce partage recouvre une vision encore traditionnelle des rôles respectifs.

**Qualificatif cité en premier selon que le responsable de l'enfant est diplômé du supérieur ou sans diplôme (en %)**

| Qualificatif | Garçon vu par diplômé du supér. | Fille vue par diplômé du supér. | Garçon vu par sans diplôme | Fille vue par sans diplôme |
|---|---|---|---|---|
| Ambition | 9,8 | 6,2 | 18,5 | 10,0 |
| Bon sens | 5,1 | 6,0 | 2,4 | 2,0 |
| Charme | 0,2 | 3,2 | 0,5 | 6,1 |
| Compétence | 3,6 | 3,3 | 2,6 | 1,8 |
| Culture | 2,8 | 3,2 | 2,4 | 3,2 |
| Débrouillardise | 9,4 | 8,4 | 18,5 | 15,3 |
| Dynamisme | 21,1 | 15,6 | 16,4 | 11,7 |
| Sens de l'effort | 16,4 | 13,1 | 6,7 | 3,3 |
| Sens de la famille | 2,1 | 6,2 | 5,5 | 13,9 |
| Sens moral | 12,6 | 15,8 | 7,7 | 9,1 |
| Maîtrise de soi | 4,2 | 3,9 | 2,6 | 2,0 |
| Goût du savoir | 2,8 | 3,4 | 1,6 | 2,0 |
| Sens artistique | 0,4 | 1,6 | 0,5 | 1,1 |
| Sens des contacts | 3,2 | 4,3 | 1,9 | 2,1 |
| Sérieux | 6,1 | 5,7 | 17,1 | 16,2 |

*Source : enquête « Efforts d'éducation des familles » de 1992, INSEE/INED*

# Enseignant : une profession en voie d'embourgeoisement

Les enseignants issus des milieux « populaires » sont encore 24 %, ce qui confirme le rôle traditionnel de promotion sociale que joue ce métier. Quant à la surreprésentation des catégories cadre supérieur et enseignant, elle indique bien la fonction de reproduction sociale dévolue à ce métier (39 %).

**Origine socioprofessionnelle des enseignants**

| Profession des parents | |
|---|---|
| Agriculteur | 4 % |
| Commerçant, artisan | 8 % |
| Cadre, profession supérieure (sauf enseignant) | 19 % |
| Profession intermédiaire | 12 % |
| Employé | 10 % |
| Ouvrier | 10 % |
| Retraité | 13 % |
| Inactif | 4 % |
| Enseignant | 20 % |

*Source : sondage SCP paru dans* Le Monde de l'éducation, *mai 1996*



# Les enseignants face aux objectifs de l'école

« Passeurs de savoirs », c'est ainsi que se considèrent de plus en plus d'enseignants. Et beaucoup moins comme « éducateurs », voire comme « travailleurs sociaux », comme la pression sociale tendrait à l'imposer.

**Objectifs prioritaires en français selon les instituteurs et professeurs des écoles : évolution (en %)**

| Objectifs | 1994 | 1979-1983 |
|---|---|---|
| Apprendre à lire | 84 | 40 |
| Développer les capacités de raisonnement | 48 | 18 |
| Produire des textes écrits | 45 | – |
| Stimuler les capacités d'expression personnelle | 35 | 42 |
| Développer l'expression orale | 29 | 40 |
| Faire acquérir une bonne orthographe | 19 | 53 |
| Favoriser l'éveil d'une certaine sensibilité d'ordre littéraire | 14 | 15 |
| Enrichir le vocabulaire | 13 | 41 |
| Apprendre à travailler avec d'autres | 11 | 2 |
| Entraîner à communiquer à propos de situations diverses | – | 52 |

## Objectifs prioritaires en mathématiques selon les instituteurs et professeurs des écoles : évolution (en %)

| Objectifs | 1994 | 1979-1983 |
|---|---|---|
| Développer les capacités de raisonnement | 92 | 88 |
| Stimuler les capacités de recherche | 57 | 51 |
| Enseigner le calcul pour les besoins de la vie courante | 49 | 57 |
| Développer la maîtrise des opérations | 32 | 27 |
| Entraîner à la résolution de problèmes nouveaux | 28 | 35 |
| Donner le goût des mathématiques | 19 | 22 |
| Habituer l'enfant au vocabulaire mathématique | 10 | 7 |
| Apprendre à travailler avec d'autres | 6 | 4 |
| Apprendre à lire les figures géométriques | 5 | – |
| Développer l'expression orale | – | 1 |

***Source :*** *Repères et références statistiques sur les enseignements et la formation, DEP, 1995*



## Êtes-vous d'accord avec les propositions suivantes :

| | Tout à fait | Plutôt | Plutôt pas | Pas du tout | NSP |
|---|---|---|---|---|---|
| Je transmets des savoirs et des connaissances aux élèves | 68 % | 30 % | 2 % | – | – |
| Je suis un éducateur | 36 % | 43 % | 16 % | 4 % | 1 % |
| Je suis un travailleur social | 14 % | 35 % | 27 % | 23 % | 1 % |

| | Oui | Non | NSP |
|---|---|---|---|
| Pour vous, être éducateur fait-il partie des fonctions normales de votre métier ? | 68 % | 31 % | 1 % |
| Pour vous, être un travailleur social fait-il partie des fonctions normales de votre métier ? | 29 % | 70 % | 1 % |

***Source :*** *sondage SCP paru dans* Le Monde de l'éducation, *mai 1996*

# Textes de lois et discours

## La Révolution française

### Naissance du « contrat républicain »

*Dans le droit-fil de la pensée des Lumières, Condorcet pose les bases de la prise en charge par l'État, au nom de la nation, de l'instruction publique. C'est la base même du fameux « contrat républicain » qui lie la France à son école, et le citoyen à la communauté nationale.*



Jean Antoine de Condorcet, « Rapport et projet de décret sur l'organisation générale de l'instruction publique », présentés à l'Assemblée nationale au nom du Comité d'instruction publique, les 20 et 21 avril 1792, dans Bronislaw Baczko, « Une éducation pour la démocratie », Garnier, Paris, 1982, p. 181 et suiv.

« Messieurs,

« Offrir à tous les individus de l'espèce humaine les moyens de pourvoir à leurs besoins, d'assurer leur bien-être, de connaître et d'exercer leurs droits, d'entendre et de remplir leurs devoirs ;

« Assurer à chacun d'eux la facilité de perfectionner son industrie, de se rendre capable des fonctions sociales auxquelles il a droit d'être appelé, de développer toute l'étendue des talents qu'il a reçus de la nature, et par là établir entre les citoyens une égalité de fait, et rendre réelle l'égalité politique reconnue par la loi :

« Tel doit être le premier but d'une instruction nationale ; et, sous ce point de vue, elle est pour la puissance publique un devoir de justice. [...]

« Nous avons cru que la puissance publique devait dire aux citoyens pauvres : la fortune de vos parents n'a pu vous procurer que les connaissances les plus indispensables ; mais on vous assure des moyens faciles de les conserver et de les étendre. Si la nature vous a donné des talents, vous pouvez les développer, et ils ne seront perdus ni pour vous, ni pour la patrie.

« Ainsi, l'instruction doit être universelle, c'est-à-dire s'étendre à tous les citoyens. Elle doit être répartie avec toute l'égalité que permettent les limites nécessaires de la dépense, la distribution des hommes sur le territoire, et le temps, plus ou moins long, que les enfants peuvent y consacrer. Elle doit, dans ses divers degrés, embrasser le système entier des connaissances humaines, et assurer aux hommes, dans tous les âges de la vie, la facilité de conserver leurs connaissances, ou d'en acquérir de nouvelles. »



## Hostilité des familles traditionnelles

*L'école contre l'Église. L'accès à l'universel contre les particularismes locaux, c'est la grande bataille que la République n'aura de cesse de mener à son terme.*

M. Gontard, « L'Enseignement primaire en France, de la Révolution à la loi Guizot (1789-1833) », dans « Annales de l'université de Lyon », Paris, 1959, p. 147

« Parfois les parents ne se bornent pas à retirer leurs enfants de l'école et se livrent à des manifestations violentes contre l'instituteur à qui l'on reproche d'avoir accepté la direction de l'école publique et de loger dans le presbytère.

« L'instituteur de Verneusse, par exemple, est informé par les habitants "qu'ils ne voulaient pas reconnaître la République ni obéir à ses lois ; qu'ils n'enverraient pas leurs enfants à l'instruction, qu'ils avaient toujours reconnu l'exposant pour un honnête homme, mais qu'en acceptant une pareille charge il devenait un coquin et qu'on attenterait à sa vie s'il persistait à vouloir s'installer".

« Si l'instituteur a l'imprudence de résister, les actes succèdent aux menaces. Voici dans sa naïve simplicité le drame vécu en prairial an III par le pitoyable instituteur d'Angerville, logé au presbytère de son village. Le 15 prairial, il doit affronter une première manifestation hostile, destinée à l'avertir, à lui faire peur, son 20 juin en somme : on l'invective ; on lui présente un ultimatum : quitter le presbytère le jour même ou le lendemain au plus tard ; donner les bancs de l'école, "ils les leurs falloit pour mettre dans l'église qui venoient de nettoyer pour exercer leur culte". Il refuse de s'incliner. Alors le 17 prairial, il connaît son 10 août. "Sur les onze heures du matin, ma classe venant d'être finie il est survenu une émeutte dans ma court et un attroupement de femme et enfans deviron cent cinquante qui mugissant et me faisant des menaces piquantes et outrageantes frappoient aux portes du presbitere, moy n'osant paroitre devant un attroupement qui me menaçoit aussy cruellement et croyant s'étoit ma derniere heure. J'ay resté renfermé pendant trois heures, qui pendant ce temps brisoient les portes en me menaceant de me lapider. Cette trouppe ayant fait fraction en brisant et cassant différentes portes en les enfondrant sont parvenus a me trouver dans un appartement ou je m'étois retiré croyant être en sureté mai point du tout, ils m'on trouvé et pris au collet en me disant mil injures et aussitôt m'ont trainé, maltraité et jetté mes meubles a la rue en me disant qu'ils avoient des ordres pour cela et qu'ils avoient leur curé Eude a mettre a ma place et que le Roux qui tient l'école libre étant de leur parti leur avoit laché tous ses écoliers pour leur aider a me foutre a la rue et qu'ils avoient de plus de leur parti le procureur de la commune et autres du conseil général." »

# Restauration et monarchie de Juillet



## Instruire les garçons, les filles à la maison

*Pour les élites éclairées de la bourgeoisie, l'instruction, il va de soi, ne peut concerner que les seuls garçons.*

Loi Guizot du 18 juin 1833 sur l'instruction primaire des garçons

« Titre premier. – De l'instruction primaire et de son objet

« Art. 1er. – De l'instruction primaire et de son objet.

« L'instruction primaire et élémentaire comprend nécessairement l'instruction morale et religieuse, la lecture, l'écriture, les éléments de la langue française et du calcul, le système légal des poids et mesures.

« L'instruction primaire supérieure comprend nécessairement, en outre, les éléments de la géométrie et ses applications usuelles, spécialement le dessin linéaire et l'arpentage, des notions des sciences physiques et de l'histoire naturelle applicables aux usages de la vie, le chant, les éléments de l'histoire et de la géographie, et surtout de l'histoire et de la géographie de la France. Selon les besoins et les ressources des localités, l'instruction primaire pourra recevoir les

développements qui seront jugés convenables.
« Art. 2. – Le vœu des pères de famille sera toujours consulté et suivi en ce qui concerne la participation de leurs enfants à l'instruction religieuse.
« Art. 3. – L'instruction primaire est privée ou publique. »

# La IIe République et le Second Empire

## Falloux fait loi

*La « loi Falloux » demeure la pierre d'angle de l'édifice de l'instruction publique en France ; c'est elle qui a ordonné l'appareil quasi immuable d'enseignement à des générations entières.*



Loi relative à l'enseignement, dite loi Falloux du 15 mars 1850

« Titre II. – De l'enseignement primaire
« Chapitre I. – Dispositions générales
« Art. 23. – L'enseignement primaire comprend :
– L'instruction morale et religieuse ;
– La lecture ;
– L'écriture ;
– Les éléments de la langue française ;
– Le calcul et le système légal des poids et mesures.
« Il peut comprendre en outre :
– L'arithmétique appliquée aux opérations pratiques ;
– Les éléments de l'histoire et de la géographie ;
– Des notions des sciences physiques et de l'histoire naturelle, applicables aux usages de la vie ;
– Des instructions élémentaires sur l'agriculture, l'industrie et l'hygiène ;

– L'arpentage, le nivellement, le dessin linéaire ;
– Le chant et la gymnastique.
« Art. 24. – L'enseignement primaire est donné gratuitement à tous les enfants dont les familles sont hors d'état de le payer. »

« Chapitre V. – Des écoles de filles
« Art. 48. – L'enseignement primaire dans les écoles de filles comprend, outre les matières de l'enseignement primaire énoncées dans l'article 23, les travaux à l'aiguille. »



## L'école gratuite est née

*La gratuité de l'enseignement, qui nous semble si naturelle, dut s'imposer en France après de rudes batailles parlementaires.*

« L'obligation et la gratuité envisagées par Victor Duruy » dans « L'Enseignement français de l'origine à nos jours », t. II, Documents, Publications de l'université des sciences sociales de Grenoble, p. 209

« On menace encore ce projet d'impopularité ! D'abord, ce n'est pas un impôt nouveau, mais une répartition nouvelle d'un impôt ancien.
« Avec le suffrage universel, l'impopularité à craindre est celle qui se forme au sein des grandes masses. Or, il s'agit d'un dégrèvement pour les pauvres et les gens peu aisés qui sont le plus grand nombre (on compte en France quatre millions de petits propriétaires payant quelques francs d'impôt)[1], et pour les riches, d'une surcharge insensible.
« Il y a dans nos écoles un million cinq cent mille élèves gratuits, appartenant probablement à un million de familles. Ce ne seront pas ces familles qui se plain-

dront d'avoir *de plein droit*, ou pour quelques sols par an, ce qu'elles sont réduites à implorer comme une charité que souvent on leur refuse. L'impopularité ne viendra donc pas de ce côté.

« Viendrait-elle des un million cinq cent mille pères qui envoient à l'école plus de deux millions (2 101 561) d'élèves payants ? Une telle supposition est bien extraordinaire.

« Veuillez ajouter, Sire, que, dans les communes rurales, tout homme a été, est ou sera père, à bien peu d'exceptions près ; la loi ne bénéficiera donc pas seulement à ceux qui ont besoin à cette heure de l'école, mais à tous ceux dont l'école attend les fils.

« Ce n'est pas trop dire que de porter à trois millions d'électeurs le nombre de ceux que cette loi satisfera directement ou indirectement, sans compter toutes les femmes qui vous béniront ; et leur reconnaissance n'est pas un appoint électoral qu'il faille dédaigner. »

« 1. Deux millions d'individus payent moins de 5 francs de contributions. »



# La IIIe République

## Ferry, égalité et neutralité

*Le bâton de maréchal dans la gibecière de chaque écolier de France, ce mythe fondateur de l'« élitisme républicain », c'est dans ces parages qu'il prend naissance. Sur fond d'épopée coloniale, de nationalisme bourgeois, de libre pensée et d'esprit revanchard.*

Jules Ferry,
« Discours du 10 avril 1870, salle Molière », dans « Discours et opinions », Paris, 1893, t. I, p. 287-288

« L'inégalité d'éducation est, en effet, un des résultats les plus criants et les plus fâcheux, au point de vue social, du hasard de la naissance. Avec l'inégalité d'éducation, je vous défie d'avoir jamais l'égalité des droits, non l'égalité théorique, mais l'égalité réelle, et l'égalité des droits est pourtant le fond même et l'essence de la démocratie. »

• • •

Jules Ferry,
« Lettre adressée aux instituteurs sur les principes fondamentaux de l'école laïque, 17 novembre 1883 », dans « Discours et opinions », Paris, 1893, t. IV, p. 261-262

« J'ai dit que votre rôle, en matière d'éducation morale, est très limité. Vous n'avez à enseigner, à proprement parler, rien de nouveau, rien qui ne vous soit familier comme à toutes les honnêtes gens. Et, quand on vous parle de mission et d'apostolat, vous n'allez pas vous y méprendre : vous n'êtes point l'apôtre d'un nouvel Évangile : le législateur n'a voulu faire de vous ni un philosophe, ni un théologien improvisé. Il ne vous demande rien qu'on ne puisse demander à tout homme de cœur et de sens. Il est impossible que vous voyiez chaque jour tous ces enfants qui se pressent autour de vous, écoutant vos leçons, observant votre conduite, s'inspirant de vos exemples, à l'âge où l'esprit s'éveille, où le cœur s'ouvre, où la mémoire s'enrichit, sans que l'idée vous vienne aussitôt de profiter de cette docilité, de cette confiance, pour leur transmettre, avec les connaissances scolaires proprement dites, les principes mêmes de la morale, j'entends simplement cette bonne et antique morale que nous avons reçue de nos pères et mères et que nous nous honorons tous de suivre dans les relations de la vie, sans nous mettre en peine d'en discuter les bases philosophiques. Vous êtes l'auxiliaire et, à certains égards, le suppléant du père de famille ; parlez donc à son enfant comme vous voudriez que l'on parlât au vôtre : avec force et autorité, toutes les fois qu'il s'agit d'une vérité incontestée, d'un prétexte de la morale commune ; avec la plus grande réserve, dès que vous risquez d'effleurer un sentiment religieux dont vous n'êtes pas juge.

« Si parfois vous étiez embarrassé pour savoir jusqu'où il vous est permis d'aller dans votre enseignement moral, voici une règle pratique à laquelle vous pourrez vous tenir. Au moment de proposer aux élèves un précepte, une maxime quelconque, demandez-vous s'il se trouve à votre connaissance un seul honnête homme qui puisse être froissé de ce que vous allez dire. Demandez-vous si un père de famille, je dis un seul, présent à votre classe et vous écoutant, pourrait de bonne foi refuser son assentiment à ce qu'il vous entendrait dire. Si oui, abstenez-vous de le dire ; sinon, parlez hardiment : car ce que vous allez communiquer à l'enfant, ce n'est pas votre propre sagesse : c'est la sagesse du genre humain, c'est une de ces idées d'ordre universel que plusieurs siècles de civilisation ont fait entrer dans le patrimoine de l'humanité. Si étroit que vous semble peut-être un cercle d'action ainsi tracé, faites-vous un devoir d'honneur de n'en jamais sortir, restez en deçà de cette limite plutôt que vous exposer à la franchir : vous ne toucherez jamais avec trop de scrupule à cette chose délicate et sacrée qui est la conscience de l'enfant.

« Mais, une fois que vous vous êtes ainsi loyalement enfermé dans l'humble et sûre région de la morale

usuelle, que vous demande-t-on ? Des discours ? des dissertations savantes ? de brillants exposés, un docte enseignement ? Non ! La famille et la société vous demandent de les aider à bien élever leurs enfants, à en faire des honnêtes gens. C'est dire qu'elles attendent de vous non des paroles, mais des actes, non pas un enseignement de plus à inscrire au programme, mais un service tout pratique, que vous pouvez rendre au pays plutôt encore comme homme que comme professeur.
« Il ne s'agit plus là d'une série de vérités à démontrer, mais, ce qui est tout autrement laborieux, d'une longue suite d'influences morales à exercer sur ces jeunes êtres, à force de patience, de fermeté, de douceur, d'élévation dans le caractère et de puissance persuasive. On a compté sur vous pour leur apprendre à bien vivre par la manière même dont vous vivrez avec eux et devant eux. On a osé prétendre pour vous que, d'ici à quelques générations, les habitudes et les idées des populations au milieu desquelles vous aurez exercé, attestent les bons effets de vos leçons de morale. Ce sera dans l'histoire un honneur particulier pour notre corps enseignant d'avoir mérité d'inspirer aux Chambres françaises cette opinion qu'il y a dans chaque instituteur, dans chaque institutrice, un auxiliaire naturel du progrès moral et social, une personne dont l'influence ne peut manquer, en quelque sorte, d'élever autour d'elle le niveau des mœurs. Ce rôle est assez beau pour que vous n'éprouviez nul besoin de l'agrandir. D'autres se chargeront plus tard d'achever l'œuvre que vous ébauchez dans l'enfant et d'ajouter à l'enseignement primaire de la morale un

complément de culture philosophique ou religieuse. Pour vous, bornez-vous à l'office que la société vous assigne et qui a aussi sa noblesse : poser dans l'âme des enfants les premiers et solides fondements de la simple moralité. »

# La V$^{e}$ République

## L'obligation scolaire

*La « massification » de l'enseignement tire son origine de l'obligation faite à tout enfant, de 6 à 16 ans, de suivre une formation scolaire.*



Loi Haby du 11 juillet 1975 relative à l'éducation, « Journal officiel de la République française », n° 161, 12 juillet 1975, p. 7180 à 7182

« Article premier.

« Tout enfant a droit à une formation scolaire qui, complétant l'action de sa famille, concourt à son éducation.

« Cette formation scolaire est obligatoire entre six et seize ans.

« Elle favorise l'épanouissement de l'enfant, lui permet d'acquérir une culture, le prépare à la vie professionnelle et à l'exercice de ses responsabilités d'homme et de citoyen. Elle constitue la base de l'éducation permanente. Les familles sont associées à l'accomplissement de ces missions.

« Pour favoriser l'égalité des chances, des dispositions appropriées rendent possible l'accès de chacun, en fonction de ses aptitudes, aux différents types ou niveaux de la formation scolaire.

« Ces dispositions assurent la gratuité de l'enseigne-

ment durant la période de scolarité obligatoire.
« L'État garantit le respect de la personnalité de l'enfant et de l'action éducative des familles. [...]
« Article 3 [...]
« La formation primaire assure l'acquisition des instruments fondamentaux de la connaissance : expression orale et écrite, lecture, calcul ; elle suscite le développement de l'intelligence, de la sensibilité artistique, des aptitudes manuelles, physiques et sportives. Elle offre une initiation aux arts plastiques et musicaux. Elle assure conjointement avec la famille l'éducation morale et l'éducation civique. »

# Textes philosophiques

## Éloge de la vertu

*Pédagogie antique : faire d'un enfant un homme vertueux plutôt qu'un savant.*

Platon,
« Protagoras », I, 320 d et suiv., IVe siècle avant J.-C.
Traduit par Léon Robin,
« Œuvres complètes »,
Paris, Gallimard, coll.
« Bibliothèque de la Pléiade », Paris, 1950, t. I, p. 320 d et suiv., p.88.

« Dès que l'enfant comprend ce qu'on lui dit, au plus tôt sa nourrice, sa mère, son précepteur, son père en personne s'acharnent à cette tâche, de faire que l'enfant devienne le meilleur possible et cela en prenant occasion de chacun de ses actes ou de chacune de ses paroles pour lui enseigner et lui expliquer que ceci est juste, cela, injuste, ceci, beau, cela, vilain, ceci, pieux, cela, impie : "Fais ceci ! Ne fais pas cela !" Supposons qu'il obéisse de son plein gré ; mais, s'il ne le fait pas, alors, comme une baguette tordue et courbée, ils le redressent en le menaçant et en le frappant. Et quand, après cela, ils l'envoient chez un maître, ce que par-dessus tout, et de beaucoup, ils recommandent à celui-ci, c'est de veiller à la bonne conduite de l'enfant plutôt qu'à ses progrès pour lire et écrire ou pour jouer de la cithare. Le maître y veille de son côté, et, quand l'enfant, cette fois, a bien appris à lire et qu'il doit comprendre désormais ce qu'il lit, comme précédemment il comprenait la parole, il fait faire à ses élèves, assis sur leurs bancs, connaissance avec les poèmes de bons poètes ; il les oblige à les apprendre par cœur, car ils contiennent nombre de maximes utiles à retenir, nombre d'exemples développés ; sans parler des louanges données aux hommes de valeur du passé et de leur glorification, dans le dessein que, par émulation, l'enfant les imite et qu'il ait le désir de leur ressembler. »

## L'éducation pour des âmes bien trempées

***Le modèle classique de l'humanité antique : pour une morale du courage, de l'effort et de la constance.***

Platon,
« La République », VII,
534 c-535 a,
IVe siècle avant J.-C.

« Il te reste maintenant à régler quels sont ceux à qui nous ferons part de ces études, et de quelle manière.

« Évidemment.

« Te rappelles-tu le premier choix que nous avons fait des chefs, et quels sont ceux que nous avons élus ?

« Comment non ? dit-il.

« Eh bien ! sois assuré qu'il faut choisir des hommes de même nature, c'est-à-dire qu'il faut préférer les plus fermes, les plus courageux, et autant qu'il se peut, les plus beaux. En outre, il faut chercher non seulement des caractères nobles et forts, mais encore des dispositions appropriées à l'éducation que nous voulons leur donner.

« Précise quelles sont ces dispositions.

« Il leur faut, bienheureux ami, de la pénétration pour les sciences et de la facilité à apprendre ; car l'âme se rebute bien plutôt dans les fortes études que dans les exercices gymnastiques : la peine lui est plus sensible parce qu'elle n'est que pour elle seule, et que le corps ne la partage point.

« C'est vrai, dit-il.

« Il faut donc que l'homme que nous cherchons ait de la mémoire, une constance inébranlable, et l'amour de toute espèce de travail. Autrement crois-tu qu'il consentirait à s'imposer, en plus des travaux du corps, tant d'études et d'exercices ? »

## Le savoir pour tous

*Du droit de choisir son éducation…*

Thomas More,
« L'Utopie », 1516

« En général, chacun est élevé dans la profession de ses parents, car la nature inspire d'habitude le goût de cette profession. Cependant, si quelqu'un se sent plus d'aptitude et d'attrait pour un autre état, il est admis par adoption dans l'une des familles qui l'exercent ; et son père, ainsi que le magistrat, ont soin de le faire entrer au service d'un père de famille honnête et respectable.

« Si quelqu'un, ayant déjà un état, veut en apprendre un autre, il le peut aux conditions précédentes. On lui laisse la liberté d'exercer celui des deux qui lui convient le mieux, à moins que la ville ne lui en assigne un pour cause d'utilité publique. […]

« Tous les matins, des cours publics sont ouverts avant le lever du soleil. Les seuls individus spécialement destinés aux lettres sont obligés de suivre ces cours ; mais tout le monde a droit d'y assister, les femmes comme les hommes, quelles que soient leurs professions. Le peuple y accourt en foule ; et chacun s'attache à la branche d'enseignement qui est le plus en rapport avec son industrie et ses goûts. »

# Le pire des éducateurs, c'est encore la famille

***De l'utilité d'un bon « conducteur » ou de l'éminente importance des précepteurs… pour corriger l'amour trop lâche des parents à l'endroit de leur progéniture.***

Montaigne,
« Essais », I, chapitre xxvi,
1580

« À un enfant de maison, qui recherche les lettres, non pour le gain (car une fin si abjecte est indigne de la grâce et faveur des Muses, et puis elle regarde et dépend d'autrui), ni tant pour les commodités externes que pour les siennes propres, et pour s'en enrichir et parer au-dedans, ayant plutôt envie d'en réussir habile homme qu'homme savant, je voudrais aussi qu'on fût soigneux de lui choisir un conducteur qui eût plutôt la tête bien faite que bien pleine, et qu'on y requît tous les deux, mais plus les mœurs et l'entendement que la science ; et qu'il se conduisît en sa charge d'une nouvelle manière.

« On ne cesse de criailler à nos oreilles, comme qui verserait dans un entonnoir ; et notre charge, ce n'est que redire ce qu'on nous a dit ; je voudrais qu'il corrigeât cette partie ; et que, de belle arrivée, selon la portée de l'âme qu'il a en main, il commençât à la mettre sur la montre, lui faisant goûter les choses, les choisir et discerner d'elle-même ; quelquefois lui ouvrant le chemin, quelquefois le lui laissant ouvrir. Je ne veux pas qu'il invente et parle seul : je veux qu'il écoute son disciple parler à son tour… Qu'il ne lui demande pas seulement compte des mots de sa leçon, mais du sens et de la substance ; et qu'il juge du profit qu'il aura fait, non par le témoignage de sa mémoire, mais de sa vie. Que ce qu'il viendra d'apprendre, il le lui fasse mettre en cent visages et accommoder à autant de divers sujets, pour voir s'il l'a encore bien pris et bien fait sien. C'est témoignage de crudité et indigestion que de regorger la viande comme on l'a avalée ; l'estomac n'a pas fait son opération, s'il n'a fait changer la façon et la forme à ce qu'on lui avait donné à cuire. [...]

« Aussi bien est-ce une opinion reçue d'un chacun, que ce n'est pas raison de nourrir un enfant au giron de ses parents : cette amour naturelle les attendrit trop et relâche, voire les plus sages : ils ne sont capables ni de châtier ses fautes, ni de le voir nourri grossièrement, comme il faut, et hasardeusement ; ils ne le sauraient souffrir revenir suant et poudreux de son exercice, boire chaud, boire froid ni le voir sur un cheval rebours, ni contre un rude tireur le fleuret au poing, ou la première arquebuse. »



# Apprendre le métier de la vie

*« Vivre est le métier que je lui veux apprendre. » Pour cela, « l'enfant ne doit suivre qu'un seul guide ».*

Jean-Jacques Rousseau,
« Émile ou De l'éducation »,
livre I, 1762

« Dans l'ordre naturel, les hommes étant tous égaux, leur vocation commune est l'état d'homme ; et quiconque est bien élevé pour celui-là ne peut mal remplir ceux qui s'y rapportent. Qu'on destine mon élève à l'épée, à l'église, au barreau, peu m'importe. Avant la vocation des parents, la nature l'appelle à la vie humaine. Vivre est le métier que je lui veux apprendre. En sortant de mes mains, il ne sera, j'en conviens, ni magistrat, ni soldat, ni prêtre ; il sera premièrement homme : tout ce qu'un homme doit être, il saura l'être au besoin tout aussi bien que qui que ce soit ; et la fortune aura beau le faire changer de place, il sera toujours à la sienne. *Occupavi te, Fortuna, atque cepi ; omnesque aditus tuos interclusi, ut ad me aspirare non posses.*

« Notre véritable étude est celle de la condition humaine. Celui d'entre nous qui sait le mieux supporter les biens et les maux de cette vie est à mon gré le mieux élevé ; d'où il suit que la véritable éducation consiste moins en préceptes qu'en exercices. Nous commençons à nous instruire en commençant à vivre ; notre éducation commence avec nous ; notre premier précepteur est notre nourrice. Aussi ce mot *éducation* avait-il chez les anciens un autre sens que nous ne lui donnons plus : il signifiait nourriture. *Educit obstetrix,* dit Varron ; *educat nutrix, instituit pædagogus, docet magister*. Ainsi l'éducation, l'institution, l'instruction, sont trois choses aussi différentes dans leur objet que la gouvernante, le précepteur et le maître. Mais ces distinctions sont mal entendues ; et, pour être bien conduit, l'enfant ne doit suivre qu'un seul guide. »



## Pour une humanité meilleure

***Élever l'enfant « d'après un état meilleur, possible dans l'avenir » de l'humanité, telle est la vocation éducative.***

Emmanuel Kant,
« Traité de pédagogie »,
1776-1787

« Un principe de pédagogie que devraient surtout avoir devant les yeux les hommes qui font des plans d'éducation, c'est qu'on ne doit pas élever les enfants d'après l'état présent de l'espèce humaine, mais d'après un état meilleur, possible dans l'avenir, c'est-à-dire d'après l'idée de l'humanité et de son entière destination. Ce principe est d'une grande importance. Les parents n'élèvent ordinairement leurs enfants qu'en vue du monde actuel, si corrompu qu'il soit. Ils devraient au contraire leur donner une éducation meilleure, afin qu'un meilleur état en pût sortir dans l'avenir. Mais deux obstacles se rencontrent ici : 1° les parents n'ont ordinairement souci que d'une chose, c'est que leurs enfants fassent bien leur chemin dans le monde, et 2° les princes ne considèrent leurs sujets que comme des instruments pour leurs desseins.

« Les parents songent à la maison et les princes à l'État. Les uns et les autres ne se proposent pas pour but dernier le bien général et la perfection à laquelle l'humanité est destinée. Les bases d'un plan d'éducation doivent avoir un caractère cosmopolitique. [...]

« On doit observer ici les règles suivantes : 1° Il faut laisser l'enfant libre dès sa première enfance et dans tous les moments (excepté dans les circonstances où il peut se nuire à lui-même, comme par exemple s'il vient à saisir un instrument tranchant), mais à la condition qu'il ne fasse pas lui-même obstacle à la liberté d'autrui, comme par exemple quand il crie, ou que sa gaieté se manifeste d'une manière trop bruyante et qu'il incommode les autres. 2° On doit lui montrer qu'il ne peut arriver à ses fins qu'à la condition de laisser les autres arriver aussi aux leurs, par exemple qu'on ne fera rien d'agréable pour lui s'il ne fait pas lui-même ce que l'on désire, qu'il faut qu'il s'instruise, etc. 3° Il faut lui prouver que la contrainte qu'on lui impose a pour but de lui apprendre à faire usage de sa propre liberté, qu'on le cultive afin qu'il puisse un jour être libre, c'est-à-dire se passer du secours d'autrui. Ce dernier point est le plus tardif à frapper l'esprit des enfants : ils ne font que très tard cette réflexion, qu'ils auront par exemple un jour à s'occuper eux-mêmes de leur entretien. Ils pensent qu'il en sera toujours comme dans la maison de leurs parents, où on leur donne à manger et à boire sans qu'ils aient à s'en occuper. Or, sans cette idée, les enfants, surtout ceux des riches et les fils des princes, restent toute leur vie des enfants, comme les habitants d'Otahiti. L'éducation publique a ici évidemment les plus grands avantages : on y apprend à connaître la mesure de ses forces et les limites que nous impose le droit d'autrui. On n'y jouit d'aucun privilège, car on y sent partout la résistance, et l'on ne s'y fait remarquer que par son mérite. Cette éducation est la meilleure image du citoyen à venir. »



## Les parents instruisent mal

*La famille ? « Cela sent le sauvage. » À la maison, le règne de l'arbitraire des sentiments. À l'école, le sanctuaire de la justice pure.*

Alain, « Propos sur l'éducation », 1932

« La famille instruit mal et même élève mal. La communauté du sang y développe des affections inimitables, mais mal réglées. C'est que l'on s'y fie ; ainsi chacun tyrannise de tout son cœur. Cela sent le sauvage. Une entière confiance, sans aucune liberté. On peut tout exiger, mais aussi l'on doit tout. [...]

« Enfin l'école n'est nullement une grande famille. À l'école se montre la justice, qui se passe d'aimer, et qui n'a pas à pardonner, parce qu'elle n'est jamais réellement offensée. La force du maître, quand il blâme, c'est que l'instant d'après il n'y pensera plus ; et l'enfant le sait très bien. Ainsi la punition ne retombe pas sur celui qui l'inflige. Au lieu que le père se punit lui-même dans son fils. »

# Textes littéraires

## Fils de prof, le pire des états…

Jules Vallès,
« L'Enfant »,
1879-1886

« Le collège. – Il donnait, comme tous les collèges, comme toutes les prisons, sur une rue obscure, mais qui n'était pas loin du Martouret, le Martouret notre grande place, où étaient la mairie, le marché aux fruits, le marché aux fleurs, le rendez-vous de tous les polissons, la gaieté de la ville. Puis le bout de cette rue était bruyant, il y avait des cabarets, "des bouchons", comme on disait, avec un trognon d'arbre, un paquet de branches, pour servir d'enseigne. Il sortait de ces bouchons un bruit de querelles, un goût de vin qui me montait au cerveau, m'irritait les sens et me faisait plus joyeux et plus fort.

« Ce goût de vin ! – la bonne odeur des caves ! – j'en ai encore le nez qui bat et la poitrine qui se gonfle.

« Les buveurs faisaient tapage ; ils avaient l'air sans souci, bons vivants, avec des rubans à leur fouet et des agréments pleins leur blouse – ils criaient, *topaient* en jurant, pour des ventes de cochons ou de vaches.

« Encore un bouchon qui saute, un rire qui éclate, et les bouteilles trinquent du ventre dans les doigts du cabaretier ! Le soleil jette de l'or dans les verres, il allume un bouton sur cette veste, il cuit un tas de mouches dans ce coin. Le cabaret crie, embaume, empeste, fume et bourdonne.

« À deux minutes de là, le collège moisit, sue l'ennui et pue l'encre ; les gens qui entrent, ceux qui sortent éteignent leur regard, leur voix, leur pas, pour ne pas blesser la discipline, troubler le silence, déranger l'étude.

« Quelle odeur de vieux !... [...]

« Mon père fait la première étude, celle des élèves de mathématiques, de rhétorique et de philosophie. Il n'est pas aimé, on dit qu'il est *chien*.

« Il a obtenu du proviseur la permission de me garder dans son étude, près de sa chaire, et je suis là, piochant mes devoirs à ses côtés, tandis qu'il prépare son agrégation.

« Il a eu tort de me prendre avec lui. Les grands ne sont pas trop méchants pour moi ; ils me voient timide, craintif, appliqué ; ils ne me disent rien qui me fasse de la peine, mais j'entends ce qu'ils disent de mon père, comment ils l'appellent ; ils se moquent de son grand nez, de son vieux paletot, ils le rendent ridicule à mes yeux d'enfant, et je souffre sans qu'il le sache.

« Il me brutalise quelquefois dans ces moments.

« "Qu'est-ce que tu as donc ? – Comme il a l'air nigaud !"

« Je viens de l'entendre insulter et j'étais en train de dévorer un gros soupir, une vilaine larme.

« Il m'envoie souvent, pendant l'étude du soir, demander un livre, porter un mot à un des autres pions qui est au bout de la cour, tout là-bas... il fait noir, le vent souffle ; de temps en temps, il y a des étages à monter, un long corridor, un escalier obscur, c'est tout un voyage ; on se cache dans les coins pour me faire peur. Je joue le brave, mais je ne me sens bien à l'aise que quand je suis rentré dans l'étude où l'on étouffe.

« J'y reste quelquefois tout seul, quand Mlle Balandreau est en retard. Les élèves sont allés souper, conduits par mon père.

« Comme le temps me semble long ! C'est vide, muet ; et s'il vient quelqu'un, c'est le lampiste qui n'aime pas mon père non plus, je ne sais pourquoi : un vieux qui a une loupe, une casquette de peau de bête et une veste grise comme celle des prisonniers ; il sent l'huile, marmotte toujours entre ses dents, me regarde d'un œil dur, m'ôte brutalement ma chaise de dessous moi, sans m'avertir, met le quinquet sur mes cahiers, jette à terre mon petit paletot, me pousse de côté comme un chien, et sort sans dire un mot. Je ne dis rien non plus et ne parle pas davantage quand mon père revient. On m'a appris qu'il ne fallait pas “rapporter”. Je ne le fais point, je ne le ferai jamais dans le cours de mon existence de collégien, ce qui me vaudra bien des tortures de la part de mes maîtres.

« Puis, je ne veux pas que, parce qu'on m'a fait mal, il puisse arriver du mal, à mon père, et je lui cache qu'on me maltraite, pour qu'il ne se dispute pas à propos de moi. Tout petit, je sens que j'ai un devoir à remplir, ma sensibilité comprend que je suis un fils de galérien, pis que cela ! de garde-chiourme ! et je supporte la brutalité du lampiste.

« J'écoute, sans paraître les avoir entendues, les moqueries qui atteignent mon père ; c'est dur pour un enfant de dix ans. »

# Exercices sadiques

Willy et Colette,
« Claudine à l'école »,
1900

*« Un ouvrier plante des piquets pour faire une palissade. Il les enfonce à une distance telle les uns des autres que le seau de goudron dans lequel il trempe l'extrémité inférieure jusqu'à une hauteur de trente centimètres se trouve vide au bout de trois heures. Étant donné que la quantité de goudron qui reste au piquet égale dix centimètres cubes, que le seau est un cylindre de 0 m. 15 de rayon à la base et de 0 m. 75 de hauteur, plein aux 3/4, que l'ouvrier trempe quarante piquets par heure et se repose huit minutes environ dans le même temps, quel est le nombre de piquets et quelle est la surface de la propriété qui a la forme d'un carré parfait ? Dire également quel serait le nombre de piquets nécessaires si on les plantait distants de dix centimètres de plus. Dire aussi le prix de revient de cette opération dans les deux cas, si les piquets valent 3 francs le cent et si l'ouvrier est payé 0 fr. 50 de l'heure.*

« Faudrait-il pas, aussi, dire si l'ouvrier est heureux en ménage ? Oh ! quelle est l'imagination malsaine, le cerveau dépravé où germent ces problèmes révoltants dont on nous torture ? Je les exècre ! Et les ouvriers qui se coalisent pour compliquer la somme de travail dont ils sont capables, qui se divisent en deux escouades dont l'une dépense 1/3 de force de plus que l'autre, tandis que l'autre, en revanche, travaille deux heures de plus ! Et le nombre d'aiguilles qu'une couturière use en vingt-cinq ans quand elle se sert d'aiguilles à 0 fr. 50 le paquet pendant onze ans, et d'aiguilles à 0 fr. 75 pendant le reste du temps, mais que celles de 0 fr. 75 sont… etc., etc. Et les locomotives qui compliquent diaboliquement leurs vitesses, leurs heures de départ et l'état de santé de leurs chauffeurs ! Odieuses suppositions, hypothèses invraisemblables, qui m'ont rendue réfractaire à l'arithmétique pour toute ma vie ! »

## Lettre à mon instituteur

Albert Camus,
« Lettre à monsieur Germain »,
19 novembre 1957

« Cher monsieur Germain,

« J'ai laissé s'éteindre un peu le bruit qui m'a entouré tous ces jours-ci avant de venir vous parler un peu de tout mon cœur. On vient de me faire un bien trop grand honneur[1], que je n'ai ni recherché ni sollicité. Mais quand j'en ai appris la nouvelle, ma première pensée, après ma mère, a été pour vous. Sans vous, sans cette main affectueuse que vous avez tendue au petit enfant pauvre que j'étais, sans votre enseignement, et votre exemple, rien de tout cela ne serait arrivé. Je ne me fais pas un monde de cette sorte d'honneur, mais cela est du moins une occasion pour vous dire ce que vous avez été, et êtes toujours pour moi, et pour vous assurer que vos efforts, votre travail et le cœur généreux que vous y mettiez sont toujours vivants chez un de vos petits écoliers qui, malgré l'âge, n'a pas cessé d'être votre reconnaissant élève. Je vous embrasse, de toutes mes forces.

Albert Camus. »

1. L'attribution du prix Nobel. (N. d. E.)

# Mes parents ont mis au monde un demeuré

Marcel Pagnol,
« Le Temps des secrets »,
Monte-Carlo, Pastorelly, 1960

« Mon père, qui avait espéré une année triomphale, fut donc péniblement déçu par la médiocrité de ma moyenne générale, et il me fit quelques remontrances. Je lui parlai aussitôt de Gillis et de Picot, guettés par l'anémie et la méningite, et je me plaignais de douleurs dans les genoux, qui étaient réelles, puis de maux de tête imaginaires.

« Quand il disait, sur un ton lugubre : “Vingt-neuvième en thème latin, avec 4 sur 20 !” ma mère répliquait aussitôt :

« “Mais il est le premier en gymnastique, et il grandit d'un centimètre par mois ! On ne peut pas tout faire à la fois.

« – D'accord, disait mon père. Mais il faut bien le prévenir que s'il continue de ce train-là, il ne sera jamais professeur de lycée, et nous serons forcés d'en faire un employé de tramways, ou un allumeur de réverbères, ou peut-être un cantonnier ?”

« Ces perspectives ne m'effrayaient guère, car j'aurais préféré conduire le vertigineux tramway d'Aubagne plutôt que la classe de Socrate.

« Je conçus cependant certaines inquiétudes lorsque j'entendis un soir, à travers la cloison, une conversation de mes parents.

« Il était assez tard, mais je ne dormais pas encore, parce que j'avais mangé comme un goinfre une livre de châtaignes rôties.

« Joseph rendait compte à ma mère d'une visite qu'il avait faite – sans me le dire – au lycée : il avait longuement vu Socrate.

« "Selon M. Lepelletier, disait-il, le développement mental du petit est un peu en retard sur son développement physique. Il ne manque ni d'intelligence ni de mémoire, mais il est, pour le moment, un peu demeuré.

« – Quoi ? s'écria ma mère, dis tout de suite que c'est un anormal !

« – Mais non, dit Joseph. M. Lepelletier est d'avis qu'il s'éveillera certainement bientôt, et qu'avant sa treizième année, il nous étonnera ! D'ailleurs, ses notes finalement sont passables, sauf en latin. Mais dans l'ensemble...

« – Dans l'ensemble je me moque du latin ! dit ma mère. Est-ce que tu veux en faire un prêtre ? Demeuré ! Je l'ai vu, moi, ce Lepelletier. Lui, on peut dire qu'il n'est pas demeuré ! Il est gras comme un jambon, et il a un derrière de percheron.

« – Comme j'étais en face de lui, dit mon père, je n'ai pas remarqué ce détail.

« – Eh bien, moi, un samedi, quand je suis allée chercher le petit à quatre heures, il m'a montré ce monsieur dans la rue : et je puis dire que c'est un fameux hypocrite, puisqu'il m'a saluée avec une grande politesse, et pas du tout comme si j'étais la mère d'un anormal ! La vérité, c'est qu'ils en veulent tous à ton fils parce qu'il vient de l'école primaire, et qu'il est cent fois plus intelligent que tous les autres réunis ! Un demeuré ! J'en ai entendu de fortes, mais jamais comme celle-là ! Je vais en parler à ma sœur, pour la faire rire un peu... Ma pauvre Rose n'a jamais soupçonné qu'elle était la tante d'un demeuré ! Quand je pense qu'il savait lire à trois ans !

« – Ne parle pas si fort, dit Joseph. Tu vas réveiller les enfants '"

« Leur conversation dura encore quelques minutes, mais je n'entendis plus qu'un bourdonnement, et je m'endormis vaguement inquiet à cause de ce mot mystérieux. »

## Les carnets sont arrivés !

Sempé-Goscinny,
« Le Petit Nicolas »,
Denoël, 1960

« Cet après-midi, à l'école, on n'a pas rigolé, parce que le directeur est venu en classe nous distribuer les carnets. Il n'avait pas l'air content, le directeur, quand il est entré avec nos carnets sous le bras. "Je suis dans l'enseignement depuis des années, il a dit, le directeur, et je n'ai jamais vu une classe aussi dissipée. Les observations portées sur vos carnets par votre maîtresse en font foi. Je vais commencer à distribuer les carnets." Et Clotaire s'est mis à pleurer. Clotaire c'est le dernier de la classe et tous les mois, dans son carnet, la maîtresse écrit des tas de choses et le papa et la maman de Clotaire ne sont pas contents et le privent de dessert et de télévision. Ils sont tellement habitués, m'a raconté Clotaire, qu'une fois par mois, sa maman ne fait pas de dessert et son papa va voir la télévision chez des voisins.

« Sur mon carnet à moi il y avait : "Élève turbulent, souvent distrait. Pourrait faire mieux." [...]

« Le seul qui ne pouvait pas faire mieux, c'était Agnan. Agnan, c'est le premier de la classe et le chouchou de la maîtresse. Le directeur nous a lu le carnet d'Agnan : "Élève appliqué, intelligent. Arrivera." Le directeur nous a dit qu'on devait suivre l'exemple d'Agnan, que nous étions des petits vauriens, que nous finirions au bagne et que ça ferait sûrement beaucoup de peine à

nos papas et à nos mamans qui devaient avoir d'autres projets pour nous. Et puis il est parti.
« Nous, on était bien embêtés, parce que les carnets, nos papas doivent les signer et ça, ce n'est pas toujours très rigolo. Alors, quand la cloche a sonné la fin de la classe, au lieu de courir tous à la porte, de nous bousculer, de nous pousser et de nous jeter nos cartables à la tête comme nous le faisons d'habitude, nous sommes sortis doucement, sans rien dire. Même la maîtresse avait l'air triste. Nous, on ne lui en veut pas à la maîtresse. [...]
« Dans le salon, papa était en train de parler avec maman. Il avait des tas de papiers sur la table devant lui et il n'avait pas l'air content. “C'est incroyable, disait papa, à voir ce que l'on dépense dans cette maison, on croirait que je suis un multimillionnaire ! Regarde-moi ces factures ! Cette facture du boucher ! Celle de l'épicier ! Oh, bien sûr, l'argent c'est moi qui dois le trouver !” Maman n'était pas contente non plus et elle disait à papa qu'il n'avait aucune idée du coût de la vie et qu'un jour il devrait aller faire des courses avec elle et qu'elle retournerait chez sa mère et qu'il ne fallait pas discuter de cela devant l'enfant. Moi, alors, j'ai donné le carnet à papa. Papa, il a ouvert le carnet, il a signé et il me l'a rendu en disant : “L'enfant n'a rien à voir là-dedans. Tout ce que je demande, c'est que l'on m'explique pourquoi le gigot coûte ce prix-là ! – Monte jouer dans ta chambre, Nicolas”, m'a dit maman. “C'est ça, c'est ça”, a dit papa.
« Je suis monté dans ma chambre, je me suis couché sur le lit et je me suis mis à pleurer.

« C'est vrai ça, si mon papa et ma maman m'aimaient, ils s'occuperaient un peu de moi ! »

## Le temps d'apprendre

Alexandre Sutherland Neill,
« Libres enfants
de Summerhill »,
François Maspéro, 1970
(Édition originale, 1960)

*Comparaison*
*entre la pédagogie de Summerhill*
*et celle des écoles traditionnelles*

« Quelle portion de notre éducation est véritablement constructive, réellement consentie ? Le travail manuel est trop souvent réduit à la confection de quelque objet fabriqué sous l'œil d'un expert. Même le système Montessori, reconnu comme un système d'enseignement imaginatif dirigé, n'est qu'un moyen artificiel de faire apprendre à l'enfant par l'activité. Je ne vois là rien d'imaginatif.

« À la maison, on force constamment l'enfant à apprendre quelque chose. Dans presque tous les foyers, il y a toujours quelque adulte sans maturité d'esprit qui se précipite pour montrer à Tommy comment fonctionne son nouveau train électrique. Il y a toujours quelqu'un qui met bébé sur sa chaise quand il veut examiner quelque chose sur le mur. Chaque fois qu'on montre à Tommy comment marche son train électrique, on lui vole sa joie de vivre – la joie de la découverte –, la joie de vaincre l'obstacle. Bien pis, on l'amène à croire qu'il est inférieur et dépendant d'une aide extérieure.

« Les parents sont lents à comprendre que l'enseignement donné à l'école n'a vraiment aucune importance. Les enfants, comme les adultes, n'apprennent que ce qu'ils veulent. Tous les prix, toutes les notes, tous les examens ne font que dévier le développement naturel de la personnalité. Seuls les pédants prétendent qu'on s'instruit dans les livres.

« Les livres sont ce qui compte le moins à l'école. Tout ce dont un enfant a besoin, c'est de savoir lire, écrire et compter ; pour le reste, des outils, de la pâte à modeler, des sports, du théâtre, de la peinture et de la liberté suffiraient. [...]

« Il est temps de remettre en question la notion de travail telle qu'elle est conçue dans nos écoles. C'est aujourd'hui un dogme que l'enfant doit apprendre les mathématiques, l'histoire, la géographie, un peu de science, un peu d'art et, évidemment, la littérature. Il est temps que nous réalisions que la moyenne des jeunes ne s'intéresse pas beaucoup à aucun de ces sujets. »



## Terminé, l'Arabe de la classe !

Azouz Begag,
« Le Gone du Chaâba »,
Seuil, 1986

« En rang par deux, nous pénétrons dans la salle de cours. Le maître s'installe à son bureau.

– Ce matin, leçon de morale, annonce-t-il après avoir fait l'appel et trébuché sur tous les noms arabes.

« Il se met à parler de morale comme tous les matins depuis que je fréquente la grande école. Et, comme tous les matins, je rougis à l'écoute de ses propos. Entre ce qu'il raconte et ce que je fais dans la rue, il peut couler un oued tout entier !

« Je suis indigne de la bonne morale.

« Une discussion s'engage entre les élèves français et

le maître. Ils lèvent tous le doigt pour prendre la parole, pour raconter leur expérience, pour montrer leur concordance morale avec la leçon d'aujourd'hui.
« Nous, les Arabes de la classe, on a rien à dire.
« Les yeux, les oreilles grands ouverts, j'écoute le débat.
« Je sais bien que j'habite dans un bidonville de baraques en planches et en tôles ondulées, et que ce sont les pauvres qui vivent de cette manière. Je suis allé plusieurs fois chez Alain, dont les parents habitent au milieu de l'avenue Monin, dans une maison. J'ai compris que c'était beaucoup plus beau que dans nos huttes. Et l'espace ! Sa maison à lui, elle est aussi grande que notre Chaâba tout entier. Il a une chambre pour lui tout seul, un bureau avec des livres, une armoire pour son linge. À chaque visite, mes yeux en prennent plein leur pupille. Moi, j'ai honte de lui dire où j'habite. C'est pour ça qu'Alain n'est jamais venu au Chaâba. Il n'est pas du genre à prendre plaisir à fouiller les immondices des remblais, à s'accrocher aux camions de poubelles, à racketter les putes et les pédés ! D'ailleurs, sait-il au moins ce que "pédé" veut dire ?
« En classe, le débat s'anime. Des élèves prononcent des mots que je n'ai jamais entendus. J'ai honte. Il m'arrive souvent de parler au maître et de lui sortir des mots du Chaâba. Un jour, je lui ai même dit :
– M'sieur, j'vous jure sur la tête d'ma mère, qu'c'est vrai !
« Tout le monde a ri autour de moi.
« Je me suis rendu compte aussi qu'il y a des mots que

je ne savais dire qu'en arabe : le kaissa par exemple (gant de toilette).

« J'ai honte de mon ignorance. Depuis quelques mois, j'ai décidé de changer de peau. Je n'aime pas être avec les pauvres, les faibles de la classe. Je veux être dans les premières places du classement, comme les Français.

« Le maître est content du débat sur la propreté qu'il a engagé ce matin. Il encourage à coups d'images et de bons points ceux qui ont bien participé.

« À la fin de la matinée, au son de cloche, à demi assommé, je sors de la classe, pensif. Je veux prouver que je suis capable d'être comme eux. Mieux qu'eux. Même si j'habite au Chaâba.

« Ceux qui arrivent les premiers dehors attendent les autres pour rentrer au bidonville, car aucun de nous ne reste à la cantine à cause du hallouf. [...]

« 2 heures. À nouveau dans la classe. L'après-midi passe doucement. Mes idées sont claires à présent, depuis la leçon de ce matin. À partir d'aujourd'hui, terminé l'Arabe de la classe. Il faut que je traite d'égal à égal avec les Français.

« Dès que nous avons pénétré dans la salle, je me suis installé au premier rang, juste sous le nez du maître. Celui qui était là avant n'a pas demandé son reste. Il est allé droit au fond occuper ma place désormais vacante.

« Le maître m'a jeté un regard surpris. Je le comprends. Je vais lui montrer que je peux être parmi les plus obéissants, parmi ceux qui tiennent leur carnet du jour le plus proprement, parmi ceux dont les mains et les ongles ne laissent pas filtrer la moindre trace de

crasse, parmi les plus actifs en cours.
« – Nous sommes tous descendants de Vercingétorix !
« – Oui, maître !
« – Notre pays, la France, a une superficie de…
« – Oui, maître !
« Le maître a toujours raison. S'il dit que nous sommes tous des descendants des Gaulois, c'est qu'il a raison, et tant pis si chez moi nous n'avons pas les mêmes moustaches. »





## Différences culturelles

*Professeurs de français dans un collège de la banlieue parisienne, Boris Seguin et Frédéric Teillard ont élaboré avec leurs élèves un dictionnaire de plus de quatre cents mots. Les mots d'une langue vivante et inventive, celle de leurs élèves. La chronique de leur expérience nous montre combien le langage est au cœur de l'exclusion.*

Boris Seguin, Frédéric Teillard, « Les Céfrans parlent aux Français », Calmann-Lévy, 1996

« Exprimée en français, la notion de respect a-t-elle le même sens pour un Marocain, un Turc, un Malien et un Français ? Qu'est-ce que je sais de ce qu'Abdel entend par respect ? N'est-ce pas seulement en me faisant expliciter clairement de tels termes que je pourrai pénétrer les représentations d'Abdel, et le comprendre ? Et si je ne me préoccupe pas des différences de signification, si j'attribue au mot prononcé par l'autre le sens qu'il a dans ma propre langue ou dans ma propre culture, le malentendu n'est-il pas assuré ? Mal entendu, mal compris, le mot dit bien ce qu'il recouvre.

« Qu'est-ce que je sais d'Abdel ? Ce qu'il a appris de ses parents, ce à quoi il croit, comment il vit, ce que

c'est que d'habiter aux Courtillières, ce que représente pour lui le savoir, j'en ignore presque tout. Je n'en possède que des indices, des traces parfois peu lisibles. Moi qui enseigne dans la cité, qu'est-ce que je connais de mes élèves ? Leur manière de réagir à mon enseignement, à moi-même. C'est tout. C'est bien peu.
« Et cependant je les juge, je les évalue, j'interprète leur comportement. Lorsque j'écris sur son bulletin trimestriel : « Youssouf ne semble pas attacher beaucoup d'importance au travail », qu'est-ce que je fais ? Est-ce que je constate un fait individuel ? Ou familial ? Ou culturel ? Est-ce que je me défausse de ma responsabilité d'éducateur en feignant de relever objectivement un fait dont la seule constatation, dans ma culture, est porteuse de désapprobation ? Est-ce que je me dispense de tirer les conséquences de ce que j'observe ? Je n'en sais plus rien. Mais le peu qu'on sait donne parfois la juste mesure de ce qu'il faudrait savoir.

« Mesdames et messieurs les responsables de formations pour les enseignants, comment se fait-il qu'à vos programmes on ne trouve presque rien (un seul stage, un de mes collègues qui l'avait demandé l'an passé en priorité n'a pas eu de place) qui permette aux professeurs confrontés à des élèves de cultures différentes de mieux les connaître ? Rien d'approfondi qui nous renseigne sur les valeurs et les normes perçues comme importantes chez les Maghrébins, les Turcs, les Maliens ? Rien qui nous permette d'éviter de grossières erreurs d'appréciation ? L'intégration de la jeunesse d'origine extra-métropolitaine ne mérite-t-elle pas qu'on rende ceux qui l'ont en charge un peu plus attentifs en les rendant un peu moins ignorants ? Questions. »

# Bibliographie


- ARIÈS, Philippe, *L'Enfant et la vie familiale sous l'Ancien Régime*, Plon, Paris, 1960. Réédition, Seuil, Paris, 1973.
- BAUDELOT, Christian, ESTABLET, Roger, *Le niveau monte*, Seuil, Paris, 1984.
- BOURDIEU, Pierre, PASSERON, Jean-Claude, *La Reproduction. Les Fonctions du système d'enseignement*. Éditions de Minuit, Paris, 1970.
- BOURDIEU, Pierre, *La Distinction*, Éditions de Minuit, Paris, 1979.
- BOURDIEU, Pierre, *La Noblesse d'État*, Éditions de Minuit, Paris, 1989.
- CHARLOT, Bernard, *L'École en mutation*, Payot, Paris, 1987.
- CHARLOT, Bernard, BAUTIER, Élisabeth, ROCHEX, Jean-Yves, *École et savoir dans les banlieues… et ailleurs*, Armand Colin, Paris, 1992.
- DUBET, François, MARTUCCELLI, Danilo, *À l'école : sociologie de l'expérience scolaire*, Seuil, Paris, 1989.
- DUBET, François, *Les Lycéens*, Seuil, Paris, 1991.

- GAULUPEAU, Yves, *La France à l'école*, Gallimard, collection « Découvertes », Paris, 1992.
- MEIRIEU, Philippe, *La Pédagogie entre le dire et le faire, ou Le Courage des commencements*, ESF, Paris, 1995.
- MEIRIEU, Philippe, *Frankenstein pédagogue*, ESF, Paris, 1996.
- NORA, Pierre (sous la direction de), *Les Lieux de mémoire*, Gallimard, Paris, 1984, 1986, 1993 (7 vol).
- OZOUF, Mona, *L'École de la France. Essais sur la Révolution, l'utopie et l'enseignement*, Gallimard, Paris, 1984.
- PROST, Antoine, *L'Enseignement en France, 1800-1967*, Armand Colin, Paris, 1967.
- PROST, Antoine, *Histoire générale de l'enseignement et de l'éducation en France* ; t. IV, *L'École et la famille dans une société en mutation*, NLF, Paris, 1983.
- ROCHEX, Jean-Yves, *Le Sens de l'expérience scolaire : entre activité et subjectivité*, PUF, Paris, 1995.
- SINGLY, François de, *Sociologie de la famille contemporaine*, Nathan, Paris, 1993.
- SINGLY, François de, *Le Soi, le couple et la famille*, Nathan, Paris, 1996.

- TERRAIL, Jean-Pierre, « Familles ouvrières, école, destin social », *Revue française de sociologie*, XXV, 1984.

- *Ainsi change l'école, l'éternel chantier des novateurs*, sous la direction de Bernard Montelh, Autrement, série Mutations, n° 136, 1993.
- *Le Débat*, n° 92, novembre-décembre 1996.
- *Familles et école*, numéro coordonné par Léon Bernier et François de Singly, *Lien social et Politiques*, n° 35, printemps 1996.

Achevé d'imprimer en janvier 1999
sur les presses de **Bussière Camedan Imprimeries**
à Saint-Amand (Cher)
N° d'imp. : 990366/1.
Dépôt légal : janvier 1999.

*Imprimé en France*